BASTEI
LÜBBE

Über die Autoren:

André Langaney ist Direktor des völkerkundlichen Musée de l'Homme und lehrt an der Universität Gent das Fach Populationsgenetik.
Jean Clottes ist Generalkonservator des nationalen Kulturguts Frankreichs. Er leitet das UNESCO-Forschungsprojekt »Höhle von Chauvet«.
Jean Guilaine ist Professor für Altertumsforschung am Collège de France.
Dominique Simonnet ist Chefredakteur der Zeitung L'Express.

André Langaney · Jean Clottes
Jean Guilaine · Dominique Simonnet

Die schönste Geschichte des Menschen

Von den Geheimnissen unserer Herkunft

Aus dem Französischen von
Friedel Schröder und
Marion Kluxen-Schröder

BASTEI LÜBBE

Bastei Lübbe Taschenbuch
Band 60499

1. Auflage: November 2001

Vollständige Taschenbuchausgabe
der im Gustav Lübbe Verlag erschienenen Hardcoverausgabe

Bastei Lübbe Taschenbücher und Gustav Lübbe Verlag
sind Imprints der Verlagsgruppe Lübbe

Titel der Originalausgabe: *La plus belle histoire de l'homme*

Lektorat: Andrea Kamphuis
Einbandgestaltung: Guido Klütsch, Köln
Satz: Dörlemann Satz, Lemförde
Druck und Bindung: Elsnerdruck, Berlin
Printed in Germany
ISBN 3-404-60499-7

Sie finden uns im Internet unter
http://www.luebbe.de

Der Preis dieses Bandes versteht sich einschließlich
der gesetzlichen Mehrwertsteuer.

Inhalt

Prolog

Und plötzlich erscheint der Mensch ... Eines Tages, vor noch gar nicht so langer Zeit, setzte sich dieses seltsame Säugetier von seinen Artgenossen ab, machte sich die Natur untertan, kultivierte, transzendierte und veränderte sie. Es erfand das Paar, die Familie, die Gesellschaft. Und auch die Macht, die Liebe, den Krieg ... Wieso? Woher hat dieses Wesen seinen Wissensdurst und seinen Tatendrang? Ja, warum ausgerechnet der Mensch? Wie sind wir zu dem geworden, was wir heute sind?

Man glaubte, über unseren Ursprung sei inzwischen alles gesagt und wir wüßten genau, wer unsere Vorfahren seien. Bisher betrachteten wir sie mit einer gewissen Herablassung, als habe es sich um ungehobelte, unterentwickelte Wesen gehandelt, die nichts mit uns gemein hatten. Inzwischen haben die Wissenschaftler jedoch eine erstaunliche Entdeckung gemacht: Sowohl unsere Natur – Aussehen, Konstitution, Intelligenz etc. – als auch unsere Kultur – also unser Betragen, unsere Lebensweise und Vorstellungswelt – sind schon vor Jahrtausenden von unseren Vorfahren geprägt worden. Unsere Identität hat sich seitdem kaum verändert. In gewissem Sinne befinden wir uns also immer noch in der Vorzeit der Menschheit.

In *La plus belle histoire du monde* (*Die schönste Geschichte der Welt*, Gustav Lübbe Verlag 1998) haben mir Hubert Reeves, Joël de Rosnay und Yves Coppens erklärt, daß der Mensch das Ergebnis jener fünfzehn Milliarden Jahre langen Evolution des Universums und des Lebens ist, die sich zu immer höherer Komplexität hinaufschwingt: Zuerst entwickelten sich die Atome, dann die Moleküle, die Sterne, die Zellen, alle anderen Lebewesen und letztendlich wir, die Menschen. Und wir fragen uns immer noch, woher wir kommen. Vom Urknall bis zur menschlichen Intelligenz fügt sich alles wie die Glieder einer Kette ineinander. Wir stammen sowohl von den Affen als auch von den Bakterien ab, tragen in uns aber auch Spuren der Sterne und Galaxien.

In diesem Buch wollen wir Ihnen nun die faszinierende Geschichte unseres Ursprungs erzählen. In jener entscheidenden Periode, in der der Geist ins Spiel kam und den Staffelstab von der Materie übernahm, beschleunigte sich der Ablauf der Ereignisse. Zu Beginn gab es nur eine einzige Population von Jägern und Sammlern, die so klein war, daß sie beinahe wieder verschwunden wäre. Wir sind also im Grunde alle Überlebende der Geschichte. Und diese Abenteurer haben unseren Planeten im Laufe von hunderttausend Jahren kolonisiert, sich vermehrt und eine schier unendliche Zahl von Entdeckungen und Erfindungen gemacht – nicht zuletzt die Kunst und die Religion. Dann, etwa 10000 Jahre vor Christus, wurden die Menschen seßhaft, betrieben Ackerbau und Viehzucht und entwickelten all die Dinge, die damit einhergehen: Eigentum, Hierarchien, soziale Ungleichheit – kurz: eine mehr oder weniger gut organisierte Gesellschaft und schließlich den Staat. Es ist, als seien die Menschen unaufhaltsam von einem riesigen Räderwerk in die Zivilisation getrieben worden.

Wenn Sie diese Seiten lesen, werden Sie möglicherweise feststellen, daß zwischen den wissenschaftlichen Entdeckungen und bestimmten religiösen Vorstellungen eine gewisse Ähnlichkeit besteht. Der Blitz des Urknalls nimmt bereits das »Es werde Licht« des Alten Testaments vorweg. Und die Entstehung des Lebens stimmt auffallend mit den alten Mythen überein. Wir werden feststellen, daß die Savanne der Altsteinzeit an das irdische Paradies erinnert und daß sich die Grundlagen der Menschheit tatsächlich in den Schriften der Bibel wiederfinden lassen. Aber darüber sollten wir eines nicht vergessen: Die Religion beruht auf dem Glauben, die Wissenschaft bezieht sich ausschließlich auf Fakten. Und beide Universen konkurrieren nicht miteinander.

Die Gedanken dieses Buches basieren auf Entdeckungen, die in jüngster Zeit gemacht worden sind. Man hatte geglaubt, die wesentlichen Dinge entschlüsselt, den Planeten im großen und ganzen erkundet, alle Erdschichten umgegraben und alle Höhlen entdeckt zu haben. Seit einigen Jahren werden jedoch bei Ausgrabungen immer wieder die erstaunlichsten Dinge zutage gefördert: Skelette, die mit Haut bedeckt sind, Höhlenmalereien von unbeschreiblicher Schönheit, Überreste von Häusern und Dörfern, die ein neues Licht auf uns selbst werfen. Auch die Methoden der Forscher haben sich verändert. Heute überläßt man nichts mehr dem Zufall. Man analysiert selbst den kleinsten Knochen- oder Kornrest, ein winziges Stückchen Kohle und den unscheinbarsten Pollen. Die Überreste eines Holzfeuers reichen mitunter bereits aus, um eine

Mahlzeit unserer Vorfahren, ihre Wohnsituation, die Landschaft, in der sie gelebt haben, ja sogar ihre sozialen Beziehungen zu rekonstruieren.

Nicht nur die Archäologie, sondern eine ganze Reihe moderner Disziplinen trägt dazu bei, daß sich aus den vielen Mosaiksteinchen ein schlüssiges Bild ergibt. Molekularbiologen entreißen den Chromosomen ihre Geheimnisse und rekonstruieren aus unseren Genen den Verlauf der Eroberung der Erde. Die Physiker sind heute mit Hilfe ihrer gewaltigen Teilchenbeschleuniger in der Lage, das Alter winziger Farbreste, die man auf irgendeinem Stein gefunden hat, genau zu ermitteln. Linguisten stellen den Stammbaum unserer Dialekte zusammen, Ethnologen entdecken in den gegenwärtigen Kulturen unseres Planeten Relikte des Handelns und Glaubens vergangener Zeiten ... Botaniker, Neuropsychologen, Zoologen, selbst Künstler: Sie alle tragen dazu bei, daß wir unseren Ursprung in einem neuen Licht betrachten können.

Trotz dieses beeindruckenden Spektrums unterschiedlicher Disziplinen werden wir Sie nicht mit allen möglichen Fachausdrücken langweilen, das verspreche ich Ihnen. Wie schon *Die schönste Geschichte der Welt* wendet sich auch dieses Buch an alle Erwachsenen und Jugendlichen, unabhängig von ihrem Bildungsniveau oder Wissensstand. Das Prinzip, an dem wir uns orientieren, ist denkbar einfach: Wir stellen naive Fragen wie ein Kind, denn das sind immer die wichtigsten. Und wir fragen nicht nur nach dem, was die Wissenschaftler wissen, sondern auch danach, *woher* sie das wissen.

Unsere *comédie humaine* gliedert sich in drei Akte,

in denen drei Eroberungen behandelt werden: die des Lebensraums, die der Phantasie und die der Macht. Dies geschieht in Form von Gesprächen mit drei Wissenschaftlern, von denen jeder ein Spezialist auf seinem Gebiet ist. Oft sind es gerade die Großen unter den Forschern, die solche komplexen Sachverhalte gut auf eine allgemeinverständliche Art erklären können. Das hängt wohl damit zusammen, daß sie sich dabei auf eigene Arbeiten beziehen und deren tieferen Sinn anschaulich machen können. Nur wenige besitzen diese Fähigkeit, aber unsere drei Gesprächspartner gehören zum Glück dazu. Es sind international anerkannte Wissenschaftler, besondere Persönlichkeiten, die außerdem gut Geschichten erzählen können. Wir haben uns einen ganzen Sommer lang unterhalten: an einem Ort, an dem man gerade eine alte Stadt freilegte, oder in einer versteckten Höhle, in der man Felsmalereien gefunden hat. Dieses Buch ist das Ergebnis unserer freundschaftlichen Begegnungen, die von leidenschaftlichem Engagement, stets von Humor und oft auch von starken Gefühlen geprägt waren.

UNSER ERSTER AKT beginnt in der Savanne, und zwar in der Zeit, in der das menschliche Tier den Versuch macht, sich von seinen affenähnlichen Nachbarn abzuheben. Aus Neugier? Aus Not? Die ersten Jäger und Sammler verließen ihre afrikanische Wiege, um Seefahrer zu werden. Und als sie die Erde erobert hatten, vermehrte und differenzierte sich die menschliche Spezies, verschiedene Hautfarben und Sprachen entstanden. Das war die Geburtsstunde der Völker, der einzelnen ethnischen Gruppen.

Schon damals waren Vermischung und Globalisierung an der Tagesordnung ...

Ursprünglich war unsere Spezies eine Einheit. Dann entwickelten die Menschen auf dieser gemeinsamen Grundlage eine Vielzahl von verschiedenen Lebensarten, Traditionen und Verhaltensweisen. Warum unterschieden sie sich von den wilden Tieren? Was hat sie dazu getrieben, sich in einer derartigen Vielfalt zu entwickeln? In welcher Weise hat die Umwelt zu dieser Auswahl beigetragen? Die Wissenschaft sagt uns heute, daß es unmöglich sei, die Weltbevölkerung nach Kategorien wie »Rasse« einzuteilen: Der Begriff der menschlichen Rasse ist zu ungenau definiert. Jedes menschliche Wesen trägt in sich dieselbe Art von Genen wie sein Nachbar. Aber warum gibt es dann Menschen mit schwarzer und andere mit weißer Hautfarbe? Worin besteht der Unterschied wirklich? Solche Fragen haben natürlich schwerwiegende Konsequenzen.

ANDRÉ LANGANEY gehört nicht zu den Leuten, die solchen Fragen ausweichen. Als Kind wollte er Tierwärter im Zoo werden und markierte schon damals Ameisen und Schnecken, um ihren Weg besser verfolgen zu können. Schon früh kam er auf die Idee, daß es fast noch interessanter sein dürfte, dem menschlichen Tier auf die Schliche zu kommen. Als Genetiker und Spezialist für Populationen war er einer der ersten, die versucht haben, der Vergangenheit mit den Methoden der modernen Biologie ihre Geheimnisse zu entreißen. Er gab sich nicht damit zufrieden, menschliche Gene im Reagenzglas zu untersuchen, sondern spürte sie auch in besonders abgelegenen Gebieten auf, so zum Beispiel bei bestimmten Stämmen im östlichen Senegal und auf Grönland. Er hat in den Vereinigten Staaten studiert und im Musée de l'Homme in Paris und an der Universität von Genf in leitenden Positionen gearbeitet. Darüber hinaus ist er ein Mensch, der kein Blatt vor den Mund nimmt. Er ist jederzeit bereit, auf die Barrikaden zu gehen, wenn er die Gefahr sieht, daß die Wissenschaft den Vorwand für Vorurteile oder Diskriminierungen liefert.

IM ZWEITEN AKT richten die Menschen ihren Blick gen Himmel. Sie fragen sich, wo sie herkommen, und versuchen, sich die Welt jenseits des Horizonts vorzustellen. Etwa dreißigtausend Jahre vor Gauguin, Seurat oder Picasso nehmen sie Zeichenkohle, Pigmente und Pinsel zur Hand und ziehen sich in die Höhlen zurück, um dort ihre religiösen Überzeugungen und Visionen bildlich darzustellen. Erst heute erkennt man, wie groß die künstlerische Kraft unserer Vorfahren war. Und mit welcher Leidenschaftlichkeit sie gemalt haben: Die Höhlenmalereien sollten ihnen helfen, mit den Geistern in Verbindung zu treten und einen Blick hinter den Spiegel zu werfen. Sie feierten die Kunst und die Schönheit und entdeckten die Bedeutung des Heiligen. Das war die Geburtsstunde der Religion.

In diesen verborgenen Höhlen, deren Erforschung noch nicht abgeschlossen ist, hat unsere Phantasie ihren ersten Ausdruck gefunden. Warum hat sich die Kunst ausgerechnet in der Finsternis entwickelt? An welchen Gott wenden sich die rätselhaften Bisons und die in Stein gemeißelten Pferde? Was wollen uns die prähistorischen Hieroglyphen sagen?

JEAN CLOTTES, Generalkonservator des nationalen Kulturerbes in Frankreich und Spezialist für Felsmalerei, hat lange Zeit versucht, sich in unsere Vorfahren hineinzuversetzen. Und es ist ihm gelungen. Er hat einen großen Teil seines Lebens in der Stille der Höhlen verbracht und sich dem Studium der ältesten Fresken der Menschheit gewidmet. Ob Niaux, Cosquer oder Chauver – er kennt sie alle in- und auswendig und versteht sich als ihr Beschützer. Offiziell ist er Vorsitzender des Internationalen Komitees für Felsmalerei. Auch er hat sich schon als Kind leidenschaftlich für sein Thema interessiert: Als kleiner Junge hat er seinen Vater, einen der Pioniere der Höhlenkunde, zu Exkursionen bei Ausgrabungen an der Aude und an der Ariège begleitet. Als er die ersten Knochen eines Menschen gefunden hatte – zwar nur winzige Reste, aber immerhin viertausend Jahre alt –, stand für ihn fest, was er später einmal werden würde. Er hat den Wert der alten Dinge erkannt und beschreibt sie mit großer Begeisterung.

IM DRITTEN AKT verändert eine Idee die Welt. Niemand weiß, welcher gerissene Geist sie vor über zehntausend Jahren geboren hat. Statt sich den Launen der Jahreszeiten anzupassen und sich bei der Jagd abzurackern, könnte man die Natur beherrschen – so das neue Credo. Man probiert etwas Neues: bringt die erste Saat aus und züchtet das erste Schaf. Und löst damit eine Revolution aus. Überall auf dem Planeten kommen die Menschen zur Ruhe, machen das Land urbar, lassen sich nieder, bauen die ersten Häuser, die ersten Dörfer. Das Bild der Welt und die Lebensgewohnheiten der Menschen ändern sich radikal. Jetzt muß das Leben organisiert werden, man wählt Häuptlinge und grenzt sein Revier ab. Autoritäten etablieren sich. Das ist die Geburtsstunde der Macht, die Entstehung des Staates zeichnet sich ab.

Unsere Kultur ist vor ein paar tausend Jahren in diesem Schmelztiegel entstanden und hat mindestens bis zum Beginn der industriellen Revolution des neunzehnten Jahrhunderts überdauert. Aber man muß sich fragen, warum diese Idee gleichzeitig an verschiedenen Stellen auf unserem Planeten geboren wurde. Warum hat sie den Nahen Osten verlassen, um Europa zu »bekehren«? Gab es einen logischen Grund für diese Entwicklung der Geisteswelt, die das Leben der Menschen radikal umwälzen sollte? Ist die Entstehung der Macht die unvermeidliche Folge der Seßhaftigkeit?

JEAN GUILAINE, Professor am Collège de France, weiß mehr als jeder andere über diese tiefgreifende Veränderung, über die »neolithische Revolution«, die das Schicksal der Menschheit entscheidend verändert hat. Seine Kindheit hat er in einer ländlichen Umgebung verbracht, in Südfrankreich. Dies hat ihn offenbar für die Vorgeschichte der Menschheit sensibilisiert. Bereits im Alter von achtzehn Jahren entdeckte er archäologische Stätten aus der Neusteinzeit. Seine Zukunft war damit vorbestimmt. Als international anerkannter Spezialist für diese Periode bereiste er fortan den Mittelmeerraum, untersuchte die Überreste der ersten Siedlungen und rekonstruierte die Lebensgewohnheiten ihrer Bewohner. Die Frage nach unseren Ursprüngen ist für ihn ein Mittel, Klarheit über unser gegenwärtiges

Verhalten zu gewinnen und zum Kern unserer Identität vorzudringen.

Tatsächlich ruhen wir uns auch heute noch auf den Lorbeeren aus, die wir in der Neusteinzeit errungen haben. Das Werk, das der Mensch vor einigen tausend Jahren begonnen hat, geht erst jetzt langsam seiner Vollendung entgegen: Die Welt ist erobert, die Wildnis bezähmt. Die Schaffung eines Lebensraumes und seine künstliche Umgestaltung sind vollzogen. Amerika muß nicht mehr entdeckt werden, und es gibt auch sonst keine Territorien mehr, die erobert werden könnten. Das ist das Ende der Natur, zumindest in ihrer ursprünglichen Form. Vielleicht ist es sogar das Ende eines bestimmten Fortschrittsgedankens.

Sicher hat sich die Szenerie seit der Zeit unserer Vorväter verändert: Die Dörfer sind heute globalisiert, der Himmel ist verweltlicht, der Zeitbegriff hat sich gewandelt. Man lebt im Hier und Jetzt. Statt der Feuersteine tauscht man heute Informationen aus. Die Welt ist klein geworden. Man kann sie mit Hilfe der Satelliten betrachten und ihre Kugelform erkennen. Aber sind wir seit jenen prähistorischen Zeiten wirklich weitergekommen? Was unsere Technik und unser Weltverständnis anbetrifft, haben wir zweifellos große Fortschritte gemacht, aber gilt das auch im philosophischen Sinn für unsere Wertvorstellungen und unsere »Humanität«? Angesichts dieses Jahrhunderts, das zwar einerseits große wissenschaftliche Errungenschaften, andererseits aber auch unglaubliche Barbarei gesehen hat, darf man daran zweifeln. Wir werden diese Diskussion im Epilog weiterführen.

Wir stehen also am Ende der Natur, am Ende des planetaren Abenteuers, aber mit Sicherheit nicht am Ende der Geschichte. Die Geschichte von Mann und Frau zum Beispiel hat gerade erst begonnen. Unser Planet gehört den Menschen: Auftrag erledigt. Und was machen wir jetzt? Wie können wir uns in einer Welt weiterentwickeln, von der wir wissen, daß sie begrenzt ist? Wie könnte die Evolution weitergehen? Wie kann man diese Geschichte weiterspinnen, damit sie die schönste aller Geschichten bleibt oder wird? Diese Fragen, die der Mensch sich heute stellt, bedürfen dringend einer Antwort.

Wenn Sie das Buch gelesen haben, werden Sie diese Problematik besser verstehen. Der Blick auf unsere Vergangenheit bringt uns einer neuen Denkweise näher. Vielleicht werden wir eine weitere Revolution vollziehen müssen, eine Revolution des Denkens, die aber ebenso wichtig ist wie die neusteinzeitliche Revolution der Tat. In jedem Fall wissen wir, daß man der äußeren Erscheinung mißtrauen muß: Unter unseren zivilisierten Kleidern verbirgt sich eine rauhe Haut, die noch aus der dunkelsten Epoche unserer Zeit stammt. Der Primat in uns lebt, er schläft nur. Wir dürfen nie vergessen, daß wir uns immer noch in der Vorgeschichte befinden. Wir müssen lernen, unsere alte Haut abzustreifen.

DOMINIQUE SIMONNET

Erster Akt

Die Eroberung des Lebensraums

1. Szene: Heimaterde

Irgendwann in grauer Vorzeit versuchte ein seltsamer, lebhafter Affe sich von den anderen Tieren abzuheben. Tief in seinem Inneren, in seinen Zellen, kündigte sich bereits das Schicksal der Menschheit an.

DAS SÄUGETIER MENSCH

DOMINIQUE SIMONNET: *Es hat mehrere Milliarden Jahre gedauert, bis die Erde entstanden ist und ein Phänomen hervorgebracht hat, das in diesem Winkel des Universums einmalig ist: das Leben. Aber erst vor drei Millionen Jahren erschienen die ersten Menschen, und es sind gerade mal hunderttausend Jahre vergangen, seit unser direkter Ahnherr, der* Homo sapiens, *auftauchte … Die Geschichte des Menschen, die wir auf den folgenden Seiten erzählen, umfaßt nur einen lächerlich kleinen Zeitraum, wenn man ihn an der langen Geschichte der Welt seit dem Urknall mißt. Was war der Grund für diese Revolution, die den Menschen hervorgebracht hat? Weiß man heute, auf welche Weise sich das Säugetier Mensch von den anderen Tieren abgesetzt hat?*

ANDRÉ LANGANEY: Der Mensch stammt nicht vom Affen ab, auch wenn das immer wieder behauptet wird: Er *ist* ein Affe.

Wenn es in der Geschichte der Welt vom Urknall bis zur Entstehung des Lebens eine Kontinuität gibt, dann gibt es auch keine Lücke zwischen unseren Vorfahren, den Primaten, und uns selbst. Das hat man bereits vor gut hundert Jahren beim Studium der Knochenfunde entdeckt. Heute hat uns die Genforschung die letzten Beweise dafür geliefert. Unsere Gene, lokalisiert auf den Chromosomen in unseren Zellen, bestimmen, wer wir sind: Individuen der Spezies Mensch. Aber die menschlichen Gene sind durchaus nicht einmalig. Der größte Teil von ihnen ist mit denen der Schimpansen identisch, einige ähneln sogar denen der Fliegen oder der Platanen. Wir sind nicht nur eng mit den anderen Primaten verwandt, sondern auch mit allen anderen Säugetieren und mit der gesamten belebten Welt.

– Worin besteht dann aber der Unterschied? Was macht uns zu Menschen?

– Die Einzigartigkeit unserer Spezies beruht ausschließlich auf der Tatsache, daß schon eine minimale Abweichung spektakuläre Auswirkungen auf die Entwicklung des menschlichen Gehirns haben kann. Dadurch werden dem Menschen Fähigkeiten verliehen, über die andere Säugetiere nicht verfügen. Aber sind diese Unterschiede wirklich so wichtig, wie man immer annimmt? So neigen wir beispielsweise immer noch dazu, die Fähigkeiten der Schimpansen zu unterschätzen.

– In welcher Beziehung?

– Schimpansen setzen beispielsweise Steine als Werkzeuge ein und heben sie manchmal sogar auf, um sie wieder benutzen zu können. Sie basteln sich Stöcke zurecht, um damit Termiten aus ihrem Bau zu fischen, und richten sie jedesmal wieder her … Schon lange vor uns haben sie entdeckt, daß man mit Gegenständen, zum Beispiel mit Steinen, werfen kann … Zwischen diesen Werkzeugen und den Geröllgeräten der ersten Menschen, die so bearbeitet waren, daß man mit ihrer scharfen Kante schneiden konnte, besteht kein so großer Unterschied.

EIN HOCH AUF DIE GRAMMATIK!

– *Worin besteht denn nun der wahre Unterschied?*

– Was unsere Spezies wirklich von den anderen unterscheidet, ist die Sprache: Wir sind in der Lage, Wörter nach den Regeln einer bestimmten Grammatik miteinander zu kombinieren und so Sätze zu bilden. Dadurch erhalten diese Wörter eine Bedeutung, die über das hinausgeht, was ihre bloße Aneinanderreihung leisten könnte. Unsere Sprache transportiert Inhalte auf zweifache Weise: über die einzelnen Wörter und über die Bedeutung, die diese erst in einem Satz bekommen. Nur das menschliche Gehirn ist in der Lage, Informationen auf diese Weise mitzuteilen. Man hat nachgewiesen, daß Menschenaffen ein paar hundert Wörter lernen können, bestimmte Schimpansen sogar bis zu neunhundert. Sie sind jedoch nicht in der Lage, spontan neue Sätze zu bilden.

– *Vielleicht hatten sie nur schlechte Lehrer.*

– Möglich ... Aber man hat jahrelang immer wieder versucht, ihnen beizubringen, Verbindungen zwischen mehr als zwei Wörtern herzustellen, ohne Erfolg. Man weiß außerdem, daß ihr Gehirn nicht über spezialisierte Sprachzentren verfügt, wie wir sie besitzen ... Affen haben ein Gedächtnis. Sie können Wörter verstehen. Bis zum Beweis des Gegenteils glaube ich jedoch, daß sie keine Grammatik erlernen können.

– *Nicht einmal im Ansatz?*

– In der Natur gibt es außerordentlich komplexe Kommunikationssysteme, zunächst natürlich bei den Primaten, aber zum Beispiel auch bei den Blaumeisen. Diese kleinen Vögel verfügen über fünfzig verschiedene Rufe, und jeder einzelne hat eine ganz bestimmte Bedeutung. Aber das sind noch keine Sätze. Linguisten konnten bisher zwischen den einzelnen Signalkodes der Tiere und unserer Sprache mit ihren zwei Ebenen der Artikulation keinerlei Übergangsform finden. Entweder – oder: Man hat eine Grammatik, oder man hat sie nicht. Warum das so ist? Das ist ein Geheimnis ... Bis jetzt können wir gar nichts dazu sagen, wir konnten nicht einmal eine vernünftige Hypothese aufstellen.

– Das heißt also, daß die Grammatik eine spezielle Eigenart des Menschen ist. Seltsame Entdeckung.

– Ja. Ich sage meinen Kindern deshalb immer wieder: »Wenn ihr eure Grammatik nicht lernt, bleibt ihr Affen!« Es kommt vor, daß Menschen in einer Umgebung groß werden, in der sie keine Gelegenheit haben, ihre Muttersprache zu erlernen. Das war zum Beispiel bei den deportierten Sklaven der Fall, denen man verboten hatte, ihre eigene Sprache zu sprechen. Sie mußten in einer ihnen fremden Kultur leben, in der beispielsweise Französisch oder Englisch gesprochen wurde. Man konnte feststellen, daß die erste Generation die Sprache der Kolonialherren sehr schlecht sprach. Sie erfanden ein Kauderwelsch (zum Beispiel Pidgin-Englisch), also gewissermaßen eine Protosprache mit einer rudimentären Grammatik. In der zweiten Generation entwickelte sich dann beispielsweise das Kreolische, das bereits alle Eigenschaften einer echten Sprache aufwies. Die Sprachfähigkeit scheint mithin eine Eigenart des menschlichen Gehirns zu sein, auf die wir zurückgreifen, seit uns die Wörter zur Verfügung stehen.

VOM POL BIS ZUR SAHARA

– *Und das soll das einzige Kriterium sein, das den Menschen vom Tier unterscheidet?*

– Nein, es gibt noch ein zweites, das zweifellos durch das erste ermöglicht wird: unsere Vielseitigkeit und Flexibilität. In der Natur lebt jede Tierart immer in derselben Umwelt, und alle Tiere erwerben hier dasselbe Verhaltensrepertoire. Auf unserem Planeten bewohnen alle Populationen einer Art gleichartige Lebensräume. Sie leben, fressen und organisieren ihre Gesellschaften auf gleiche Weise ... Sie sind dabei bestimmten physiologischen und verhaltensbiologischen Zwängen ausgesetzt. Bestimmte Affenarten sind polygam, und zwar alle Mitglieder dieser Art. Andere, zum Beispiel die Gibbons, sind ihrem Partner ein Leben lang treu, und das trifft dann auf alle Artgenossen zu ... Abgesehen von gewissen Besonderheiten, vor allem bei den Schimpansen, folgen alle Individuen einer bestimmten Art den Regeln eben dieser Art.

– *Sind wir Menschen die einzige Ausnahme?*

– Ja. Wir sind beispielsweise in der Lage, sowohl im ewigen Eis der Arktis als auch im Wüstensand der Sahara zu leben, und das gilt natürlich erst recht für den Rest unseres Planeten. Wir bilden soziale Strukturen, die von einer Population oder von einem Volk zum anderen völlig verschieden sein können. Die

Menschheit besteht aus Tausenden von verschiedenen Völkern, und sie orientiert sich an Normen, die im Gegensatz zur Tierwelt nicht biologisch determiniert sind, sondern erlernt werden. Die Menschen verfügen über eine unendliche Vielfalt an Verhaltensweisen, gesellschaftlichen Strukturen und Lebensräumen.

– Also, die Grammatik und unsere Fähigkeit zur Vielfalt. Aber warum sind wir nicht trotzdem Affen geblieben wie die anderen? Weiß man genau, seit wann wir diese beiden Begabungen haben?

– Auch das ist immer noch ein Rätsel ... Wann haben wir diese Fähigkeiten erworben? Sind sie schon vor langer Zeit aufgetaucht, ohne genutzt zu werden? Waren womöglich schon die allerersten Menschen in der Lage, sich so auszudrücken wie wir? Oder haben sie sich einer ganz einfachen Sprache bedient? Das kann niemand sagen. Von dieser Geschichte ist nichts erhalten geblieben.

– Bedeutet die Benutzung von Werkzeugen nicht einen Wendepunkt in der Evolution? Man ist schließlich auf Kommunikation angewiesen, wenn man lernen will, wie man Steine zuschlägt, und es seinen Artgenossen mitteilen will.

– Das wird von verschiedenen Leuten behauptet, ist aber falsch. Auch Tiere sind in der Lage, komplizierte Techniken durch Nachahmung zu erlernen, ohne dazu eine Sprache zu benötigen. Wenn man sich dagegen vor Augen führt, daß die Menschen schon vor hunderttausend Jahren in Palästina ihre Toten mit bestimmten Ritualen begraben haben – man hat in den Gräbern Pollen von Blumen und Opfergaben in Form von Hirschgeweihen gefunden –, fällt es einem schwer zu glauben, daß das alles ohne

Sprache möglich gewesen sein soll. Dieses Phänomen ist zwischen zwei Perioden aufgetreten. Zunächst haben sich vor sieben Millionen Jahren die Linien der Menschen und die der Affen, die beide gemeinsame Vorfahren haben, voneinander getrennt. Dann entstanden vor etwa hunderttausend Jahren die Kunst, die Rituale und die Spiritualität, und das wäre ohne Sprache zweifellos nicht möglich gewesen. Zwischen diesen beiden Perioden hat sich die Entwicklung der Sprache offenbar in zwei Schritten vollzogen: Zuerst haben die Menschen das biologische Sprachvermögen entwickelt und es dann in der Praxis voll auszuschöpfen gelernt. Aber weder die Paläontologen mit ihren Knochenfunden noch die Biologen mit ihren Genanalysen können den Zeitpunkt genau bestimmen.

UNSER NACHBAR, DER VORFAHR

– Kehren wir also zu den Ursprüngen zurück. Unsere Geschichte auf diesem Planeten beginnt vor etwa sieben Millionen Jahren, und zwar in Ostafrika, irgendwo in der Gegend des Rift Valley. Dort hat sich unsere Entwicklungslinie von der des Affen getrennt, mit dem wir einen gemeinsamen Vorfahren haben, wie wir bereits in Die schönste Geschichte der Welt *lesen konnten. Rufen wir uns die Physiognomie dieses kleinen Tieres noch einmal ins Gedächtnis zurück.*

– Es ist tatsächlich klein, aber das ist ein Phänomen, das in der Evolution häufig vorkommt und das man zum Beispiel bei vielen Säugetieren beobachten kann: Die Vorfahren sind in der Regel weniger spezialisiert und darüber hinaus auch kleiner als ihre

Nachkommen. Der gemeinsame Urahn der Affen und der Menschen dürfte daher erheblich kleiner gewesen sein als sein Nachkomme, der *Australopithecus*, und der war, wie Skelettfunde ergeben haben, nur etwa einen Meter groß. Er muß verhältnismäßig lange Beine und einen runden Schädel gehabt haben, der durch die Wirbelsäule gut abgestützt wurde. Er war wohl nachtaktiv, so wie die meisten kleinen Tiere, die sich auf diese Weise besser vor den Raubtieren schützen können. Und er bewegte sich schon in aufrechter Haltung.

– *Schon auf den Hinterbeinen?*

– Ja. Die Formel »Der Mensch stammt vom Affen ab« verleitet einen dazu, sich unseren Vorfahren als ein Tier vorzustellen, das auf allen vieren lief und dessen Schädel, in Verlängerung der horizontal verlaufenden Wirbelsäule, nach vorn über die Extremitäten hinausragte ... Man muß sich ihn eher wie einen kleinen Primaten vorstellen, der auf Bäume klettert, sich von Ast zu Ast schwingt und sich dabei mit seinen Armen festhält. Wie die Gibbons besitzt er bereits einen Rundschädel, der auf einer vertikalen Wirbelsäule ruht.

– *Yves Coppens hat sich die Frage gestellt, ob der aufrechte Gang Ursache oder Wirkung unserer Evolution ist. Macht Ihrer Meinung nach allein der Umstand, daß wir auf zwei Beinen gehen, uns schon zu menschlichen Wesen?*

– Ich glaube, daß der aufrechte Gang zwar den Erwerb bestimmter menschlicher Eigenschaften ermöglicht, aber nicht ausgelöst hat. Vor allem kann ich nicht erkennen, auf welche Weise dieses Phänomen die Veränderungen des Gehirns oder die Entwicklung der Sprache bewirkt haben soll. Der Mensch stammt eher von einem schlechten Kletteraffen ab, der bereits auf zwei Beinen ging. Später hat sicher auch der *Australopithecus* (wie Lucy), der ständig auf Bäume geklettert ist, den aufrechten Gang übernommen.

DIE LIEBSCHAFTEN DER MOLEKÜLE

– Und von da an weichen die Geschichten voneinander ab, die Nachkommen dieses gemeinsamen Urahns trennen sich voneinander. Auf der einen Seite entstehen die Vorfahren der heutigen Affen, auf der anderen die Ahnherren des Menschen. Was weiß man heute über dieses wichtige Ereignis?

– Man kann davon ausgehen, daß sich seitdem drei Linien entwickelt haben: die Gorillas, die Schimpansen und die Menschen.

– Wie läßt sich das nachweisen?

– Man weiß, daß die Chromosomen in unseren Zellen aus DNS bestehen: aus langen Molekülketten, von denen sich je zwei zu einer komplizierten doppelten Spirale zusammenlagern, der sogenannten Doppelhelix. Im Labor kann man zwei einfache DNS-Stränge, die von verschiedenen Arten stammen, miteinander vergleichen, indem man prüft, ob und wie gut sie sich »wiedererkennen« – ob sie also in der Lage sind, gemeinsam eine Doppelhelix zu bilden, indem sie spontan ihr Gegenstück finden, fast so wie die beiden Seiten eines Reißverschlusses. Das Ergebnis: Zwischen den DNS-Strängen eines Menschen und eines Kaninchens erreicht die Übereinstimmung etwa 80 Prozent. Beim Erbgut des Menschen und des Schimpansen ist das Ergebnis ganz verblüffend: Beinahe die gesamte menschliche DNS (999 von 1000 Fällen) lagert sich mit der DNS des Schimpansen zusammen. Das beweist, daß beide Arten tatsächlich sehr eng miteinander verwandt sind. Andere Experimente bestätigen dieses Ergebnis.

– *Können Sie uns Näheres über diese Experimente sagen?*

– Heutzutage können Biologen die Chromosomen eines Lebewesens sichtbar machen. Man nimmt etwas Blut, stellt eine Zellkultur her und färbt die Chromosomen im Inneren des Zellkerns an, indem man bestimmte chemische Reaktionen ablaufen läßt. Anschließend fotografiert man sie mit einem hochauflösenden Mikroskop.

– *Das sind also sozusagen die genetischen Fingerabdrücke einer bestimmten Spezies.*

– So könnte man es ausdrücken. Mit dieser Methode läßt sich der Bauplan der Chromosomen im einzelnen analysieren. Man hat festgestellt, daß zwar fast alle menschlichen Gene so organisiert sind wie die der Schimpansen, daß sie sich jedoch nicht immer an einander entsprechenden Stellen auf den Chromosomen befinden. Inzwischen hat man entdeckt, daß zwischen den beiden Arten neun große Unterschiede in der Anordnung der Gene bestehen. So entspricht zum Beispiel das zweite Chromosomenpaar des Menschen der Summe zweier anderer Paare, die man beim Schimpansen gefunden hat.

– *Das ist interessant, aber was hat es zu bedeuten?*

– Es beweist, daß sich die Chromosomen im Laufe der Evolution manchmal aufgespalten haben. Anschließend haben sich die nun voneinander getrennten Teile neu zusammengefunden. Und das unterscheidet die Arten voneinander. Wenn man die DNS aller Primaten miteinander vergleicht, kann man bestimmen, in welcher Reihenfolge sich diese Veränderungen abgespielt haben. Bestimmte Chromosomen sind bei den Menschen, den Schimpansen und den Gorillas identisch. Bei anderen gibt es nur eine Übereinstimmung zwischen den Menschen und den Schimpansen, nicht aber mit den Gorillas. Wieder andere sind bei den Schimpansen und Gorillas gleich, stimmen aber nicht mit denen der Menschen überein.

– *Welche Rückschlüsse kann man daraus ziehen?*

– Es bedeutet, daß sich diese drei Entwicklungslinien, die alle von denselben Vorfahren abstammen – die Prähominiden, Prägorillas und Präschimpansen –, weiter gekreuzt haben.

– *Das heißt, sie haben sich gepaart und Mischlingskinder geboren?*

– Ja, zumindest noch eine gewisse Zeitlang nach ihrer Trennung. Zwei französischen Wissenschaftlern zufolge, Bernard Dutrillaux und Jean Chaline, läßt sich das am einfachsten durch die Annahme erklären, daß die drei Familien wieder in ihre aneinander angrenzenden Heimatregionen zurückgekehrt seien. So könnten die benachbarten Populationen der Präschimpansen und Prägorillas einerseits und der Prähominiden und Präschimpansen andererseits häufig miteinander in Kontakt getreten sein.

PALEOLITIC PARK

– *Den Paläontologen zufolge hat der* Australopithecus *sehr lange gelebt, zwischen drei und sechs Millionen Jahre, das hat sich aus dem Studium der Knochenfunde ergeben. Was sagen die Genforscher dazu? Ist es vorstellbar, daß man eines Tages aus einem Skelett eine kleine Menge* DNS *extrahiert, die das Geheimnis unserer Vorfahren lüften könnte, etwa so wie in dem Film* Jurassic Park?

– Die Kenntnis der DNS-Sequenzen unserer Vorfahren wäre in der Tat die entscheidende Voraussetzung. Nur so könnte man verstehen, wie sich die Arten voneinander getrennt haben und welcher Urform wir unsere heutige Identität verdanken … Aber die Manipulation der DNS der Dinosaurier, wie in *Jurassic Park* dargestellt, hat nichts mit Wissenschaft zu tun, das gibt es nur im Kino. Man kann die DNS nur aus vertrockneten, mumifizierten Hautresten oder in bestimmten Fällen aus Knochen gewinnen. Voraussetzung ist allerdings, daß sie nicht zu alt sind.

– *Das heißt?*

– Nicht älter als etwa zehntausend Jahre, denn sonst sind die Knochen mineralisiert, also versteinert. In dem berühmten Skelett des *Australopithecus* Lucy findet sich nicht einmal das kleinste Partikelchen von Knochensubstanz: Es ist völlig versteinert. Wenn man einen dieser Knochen hochhebt, ist man erstaunt, wie schwer er ist, denn man erwartet instinktiv etwas viel Leichteres. Es besteht auch nicht die geringste Chance, in einem solchen Fall noch DNS oder Proteine zu finden.

– *Hat man so etwas denn bei weniger alten Knochen gefunden?*

– Ja. Forscher haben sowohl in Mumien, die einige tausend Jahre alt sind, als auch in den acht- bis neuntausend Jahre alten Überresten der Gehirne von Indianern, die man in den Torfmooren von Florida gefunden hat, DNS entdeckt. Man kann also ohne große Schwierigkeiten bestimmte Gene studieren. Das brachte jedoch nichts Revolutionäres zutage: Man hat lediglich die Verbindung zu den heute in Amerika lebenden Indianern bestätigen können, das war alles.

FOSSILIEN IN UNSEREN ZELLEN

– *Man hat also in den Überresten des* Australopithecus *und seiner Nachkommen, des* Homo habilis, *des* Homo erectus *und des* Homo sapiens, *nichts gefunden?*

– Nur wenig. Man hat das Bruchstück einer Mitochondrien-DNS gefunden, also jenes Erbguts, das außerhalb des Zellkerns in einer für die Energieversorgung der Zelle verantwortlichen Struktur liegt. Es stammt von einem Neandertaler, jener bekannten Unterart des *Homo sapiens,* die, wie wir noch sehen werden, ausgestorben ist. Diese winzige Sequenz von 300 Basenpaaren (unser Erbgut enthält davon immerhin 300 Milliarden) ähnelt keinem uns bekannten Teil des Erbguts unserer Zeitgenossen. Existiert es womöglich noch in unserer Spezies? Man weiß es nicht. In jedem Fall unterscheidet es sich von allen DNS-Sequenzen heute lebender Menschen, die man bislang analysiert hat. Aber man kennt erst 5000 davon, und wir sind immerhin sechs Milliarden Individuen.

– *In unseren Zellen schlummern also immer noch die Gene unserer Vorfahren?*

– Unsere Zellen enthalten das genetische Potential, das jedes Individuum ausmacht, und zugleich eine Art genetisches Gedächtnis unserer gesamten

Art, das zahlreiche Spuren unserer Geschichte aufweist. Wir konservieren in der Tat alte Gene, die bei unseren Vorfahren eine Rolle gespielt haben, die jedoch bei uns nicht mehr aktiv sind oder aber nur in bestimmten Perioden aktiv werden können.

– *Zum Beispiel?*

– Durch den Einfluß bestimmter Gene wächst uns während der ersten drei Wochen unserer embryonalen Entwicklung ein Schwanz, der bis zur Geburt wieder verschwindet. Außerdem bilden sich in derselben Phase Kiemenspalten, die später ebenfalls nur noch in rudimentärer Form erhalten bleiben. Man weiß auch, daß die Entstehung von Tumoren auf eine Fehlsteuerung des genetischen Materials zurückzuführen ist. In bestimmten Zellen werden »abgeschaltete« Gene fälschlich aktiviert und regen zum Beispiel die Bildung eines Fells oder Hautlappens an. So kann Gewebe entstehen, das in diesem Organ völlig fehl am Platze ist. Man kann sich vorstellen, daß bestimmte Gene, die einst den archaischen Charakter unserer Vorfahren geprägt haben, auch noch in unseren Chromosomen enthalten sind und bei manchen Personen reaktiviert werden können ... Tatsache ist, daß sich das beste DNS-Fossil in unseren eigenen Zellen befindet.

DER MENSCH LIEBT DIE ABWECHSLUNG

– *Es dürfte also schwer sein, unsere verschiedenen vormenschlichen Vorfahren von den ersten echten Menschen abzugrenzen.*

– Man kann in der Tat nicht genau sagen, was ein Mensch ist. Es ist nicht leicht, sich zwischen dem ersten *Homo habilis,* der vor drei Millionen Jahren gelebt hat, und bestimmten Exemplaren des *Australopithecus* zurechtzufinden. Das biologische Artkriterium, nämlich die Frage, ob sich zwei Lebewesen paaren und Kinder zeugen können, ist uns bei der Untersuchung der Frühmenschen nicht zugänglich. Die kulturellen Abgrenzungskriterien sind verschwommen. Yves Coppens hat Ihnen in *Die schönste Geschichte der Welt* erklärt, daß der *Australopithecus* mit Sicherheit bereits Werkzeuge benutzt habe, daß alle Angehörigen der Gattung Mensch einen gemeinsamen Ursprung hätten und sich die einzelnen Formen im Laufe der Zeit allmählich auseinander entwickelt hätten. Demnach wäre der *Homo erectus* aus dem *Homo habilis* und später der *Homo sapiens* aus dem *Homo erectus* hervorgegangen ... Andere angesehene Paläontologen, zum Beispiel Ian Tattersal vom American Museum, sind anderer Meinung: Es habe vielleicht Dutzende konkurrierender Menschenarten gegeben, die bis auf eine, unsere nämlich, ausgestorben seien ... Es ist unmöglich, das zu widerlegen.

– *Gibt es nicht ein einziges kleines Fossil, das uns weiterhelfen könnte?*

– Nein, es gibt nur sehr wenige menschliche Fossile, und wir bräuchten bedeutend mehr, um eine solche Hypothese überprüfen zu können. Wenn man nur über zwei einigermaßen gut erhaltene Skelette verfügt, die aus einer Zeit zwischen drei Millionen und 150000 Jahren v. Chr. stammen, ist es unmöglich zu bestimmen, welcher der zahlreichen Populationen, die in diesem Zeitraum gelebt haben, sie angehörten und wie eng diese miteinander verwandt waren.

– Es ist also durchaus möglich, daß es schon von Anfang an eine große menschliche Artenvielfalt gegeben hat.

– Wer kann das sagen? Stellen Sie sich einmal vor, unsere Nachkommen würden in ferner Zukunft ein Eskimoskelett und das Skelett eines Tutsi finden. Die Eskimo sind im Durchschnitt 1 Meter 40 groß, die Tutsi über 1 Meter 80. Wahrscheinlich würden die Paläontologen der Zukunft beide verschiedenen Arten zuordnen, und zwar nur wegen ihrer unterschiedlichen Körpergröße. Sie würden in gutem Glauben handeln, genau wie unsere Kollegen heutzutage, aber sie würden sich gewaltig irren …

– Man sagt, daß zwei Populationen verschiedenen Arten angehören, wenn sie nicht in der Lage sind, sich fortzupflanzen, oder?

– Genau. Man weiß, daß alle heutigen Menschen, seien es Tutsi oder Eskimo, trotz ihrer zahlreichen Unterschiede Kinder miteinander haben können. Es gibt heute eine große Vielfalt unterschiedlicher Menschen. Trotzdem gehören alle ein und derselben Art an. Der Umstand, daß es früher auch eine große Vielfalt prähistorischer Menschen gegeben hat, ist also noch kein Beweis dafür, daß es sich dabei um verschiedene Arten gehandelt hat. Es läßt sich jedoch auch nicht ausschließen.

– Einzigartige Spezies oder nicht, die Menschen jener Zeit sind in jedem Fall brav in ihrer afrikanischen Wiege geblieben.

– Zunächst sieht es ganz so aus. Aber das wird sich sehr bald ändern. Unsere Art wird sich schnell diversifizieren und profilieren: Sie wird sich auf den Weg machen, um den Planeten zu erobern, und das nicht nur einmal.

2. Szene: Die Odyssee der Spezies

Eine kleine, wagemutige Schar hat sich auf den langen Weg gemacht, die Erde zu erobern. Noch viele tausend Jahre werden diese ersten Siedler und Abenteurer den Launen der Natur ausgesetzt sein.

DIE ERSTE REISE

– Nun ade, du mein lieb' Heimatland! Die Unternehmungslustigsten und Neugierigsten der ersten menschlichen Bewohner Afrikas – also die Nachfahren des Australopithecus *– wagen es eines Tages, sich weit von ihrem Ursprungsland zu entfernen, so war es doch?*

– Ja. Die Eroberung der Alten Welt beginnt. In der Zeit zwischen 1,5 Millionen und 500000 Jahren v. Chr. verläßt der Mensch – damals noch der *Homo erectus* – seinen Ursprungsort und begibt sich auf die Reise. Da wir nur wenige Fossilien aus dieser Periode gefunden haben, wissen wir nur von einigen der Wanderer, wann und wo sie angekommen sind.

– Aber man ist sicher, daß alle Angehörigen dieser kleinen Gemeinschaft ein und derselben Gegend entstammen, nämlich Ostafrika?

– Jedenfalls hat man an keinem anderen Ort Spuren gefunden, die das Gegenteil beweisen würden. Man muß allerdings sagen, daß man in keinem anderen Kontinent so intensiv gesucht hat. Warum interessiert man sich so sehr für das Rift Valley in

Afrika? Einfach weil es eine riesige Verwerfung ist. Die Erde brach auf und legte extrem alte Ablagerungen frei, deren Ursprung etwa vier Millionen Jahre zurückliegt. In Asien, Ozeanien oder Europa müßte man bis zu drei Kilometer tief graben, um auf eine Erdschicht aus dieser Zeit zu stoßen.

– Das erinnert mich an die Geschichte von dem Mann, der seinen Schlüssel nachts unter der Straßenlaterne sucht. Als man ihn fragt, ob er sicher sei, daß er ihn hier verloren habe, antwortet er: »Nein, aber hier ist es heller.«

– Genau. Trotzdem ist man sich heute einig, daß sich die Wiege der Menschheit in dieser Region Afrikas befindet.

– Unser Großvater, der Homo erectus, *hat also sein Bündel geschnürt und sich auf den Weg gemacht, um die Welt zu erobern. Das hat doch sicher lange gedauert, oder?*

– Wenn ihnen der Sinn danach stand, haben diese Jäger und Sammler pro Tag fünfzig Kilometer oder sogar noch mehr zurückgelegt. Man kann das leicht ausrechnen. Gehen wir einmal davon aus, daß sie dreihundert Tage pro Jahr unterwegs waren und sich zwei Monate lang ausruhten, dann legten sie in einem Jahr etwa fünfzehntausend Kilometer zurück. Nun hat der *Homo erectus* aber über eine Million Jahre gelebt, Zeit genug, um alle Kontinente mehrmals zu durchqueren.

– Weiß man, was die Menschen dazu veranlaßt hat, diese Wanderungen zu unternehmen?

– Möglicherweise hatten sie einfach Lust dazu. Wahrscheinlicher ist allerdings, daß sie neue Nahrungsquellen gesucht haben. Zwischen den kalten und warmen Perioden dieser Zeit, die sich damals abgewechselt haben, haben sich die Grenzen der

Vegetationszonen mitunter um dreitausend Kilometer, also mehrere Breitengrade verlagert. Die Menschen waren daher gezwungen zu wandern, um den Tieren zu folgen und die Pflanzen zu finden, ohne die sie nicht überleben konnten.

– *Man kann sich gut vorstellen, daß das gar nicht so einfach war.*

– Unsere Vorfahren sahen sich oft mit Hindernissen wie zum Beispiel Wüsten oder Meeresarmen konfrontiert. In bestimmten Epochen waren die geographischen Gegebenheiten jedoch besonders günstig. Da Indonesien in der Eiszeit Teil des asiatischen Kontinents war, konnte der erste *Homo erectus* trockenen Fußes über das heutige Malaysia und Sumatra nach Java gelangen. Vor etwa 500000 Jahren gab es den *Homo erectus* in Afrika, China, Indonesien und Europa. Die Alte Welt war also schon damals erobert worden.

ZURÜCK ZUM AUSGANGSPUNKT?

– *Aber nicht für lange. Der arme* Homo erectus *verschwand schließlich trotz seiner vielen Eroberungen. Weiß man, warum?*

– Er hat womöglich eine Zeitlang mit seinem Nachfolger, dem *Homo sapiens,* zusammengelebt. Aber darüber sind sich die Gelehrten noch nicht einig. Wie kann man fünfhundert Jahrtausende Geschichte auf der mageren Grundlage von etwa dreißig Schädeln rekonstruieren? Zumal sich bisher nicht einmal die Spezialisten darüber einigen konnten, zu welcher Art diese Schädel gehören. Manchen Paläontologen zufolge handelt es sich bei bestimmten Exemplaren lediglich um eine Weiterentwicklung des *Homo erectus,* während andere darin bereits die Spuren des heutigen Menschen sehen.

– *Nicht einfach ...*

– Nein. Man besitzt nämlich nur ein einziges vollständiges Skelett des *Homo erectus,* das des berühmten jungen Mannes vom Turkana-See in Afrika. Es ist 160000 Jahre alt. Außer Lucy ist es das einzige in etwa vollständige Skelett der Vorgeschichte. Was die Periode zwischen 200000 und 100000 v.Chr. anbetrifft, sind etwa zehn Fossilien, die man an drei verschiedenen Orten gefunden hat, als Überreste des heutigen Menschen im Gespräch. Der erste Fundort liegt in Palästina, und man schätzt, daß die Knochen etwa 100000 Jahre alt sind. Ein zweiter liegt in Äthiopien, wobei man hier bezweifelt, daß es sich bei diesen 100000 bis 130000 Jahre alten Fossilien wirklich um Überreste des heutigen Menschen handelt. Ein dritter Ort befindet sich in Marokko. Die Funde dort lassen sich jedoch zeitlich nicht genau einordnen.

– *Welche Schlüsse zieht man daraus?*

– Man nimmt an, daß der moderne Mensch, der *Homo sapiens* (also wir), zwischen 150000 und 100000 Jahre vor unserer Zeit entstanden ist, und zwar entweder im Nordosten Afrikas oder im Nahen Osten.

– *Das heißt also, zurück zum Ausgangspunkt. Aber warum ist auch diese neue Art des Menschen ausgerechnet hier entstanden? Warum hat ihr Vorfahr, der* Homo erectus, *der sich bereits in anderen Kontinenten niedergelassen hatte, nicht dort die Entwicklung zum* Homo sapiens *vollzogen?*

– Einige Forscher vermuten, daß der chinesische *Homo erectus* der Vorfahr der heutigen Chinesen und der afrikanische *Homo erectus* der Urahn der Afrikaner ist … Diese Hypothese erscheint mir absurd, denn sie geht davon aus, daß es einen inneren Entwicklungszwang, einen Automatismus gibt, der die Vertreter einer Art allerorts gleichzeitig und in derselben Weise zur Evolution drängt. Das widerspricht allen gängigen biologischen Evolutionstheorien. Diese besagen, daß sich der Übergang vom *Homo erectus* zum *Homo sapiens* an einem einzigen Ort vollzogen hat.

DEN MUTANTEN GEHÖRT DIE ZUKUNFT

– Die moderne Evolutionstheorie besagt, daß sich zuerst eine kleine Gruppe isolieren und verändern muß, bevor eine neue Art entstehen kann. Sich verändern heißt doch im Grunde nichts anderes als »evolvieren«, nicht wahr?

– Im allgemeinen läuft das in der Tat so ab: Eine kleine Gruppe findet sich isoliert in einer Umgebung, die anders ist als die ursprüngliche. Hier erfährt sie eine Anzahl von genetischen Veränderungen, die sie daran hindert, sich weiterhin mit der Population zu kreuzen, von der sie sich getrennt hat. Wenn sie in ihrer neuen Umwelt überlebt, kann sie sich als eine neue Spezies behaupten. Das hat sich zum Beispiel in den Wäldern des Amazonas abgespielt. Während einer Dürreperiode hatten sich einige Tierpopulationen in kleine, inselartige Restbestände des Dschungels zurückgezogen, in denen die Lebensbedingungen völlig anders waren als an ihrem Ursprungsort. Neue Arten sind entstanden. Als das Klima dann wieder feuchter wurde, unterschieden sich diese Tiere so stark von den anderen, daß sie sich nicht mehr erfolgreich paaren konnten.

– *Weil inzwischen ihre Gene mutiert waren?*

– Ja. Das kommt häufig vor. Gene bzw. Chromosomen sind nicht aus Stahl. Sie brechen gelegentlich auseinander, verbinden sich wieder, mutieren und unterliegen Replikationsfehlern ... Das passiert sogar noch bei uns. Bei der Behandlung von Kinderlosigkeit begegnet man oft Leuten, deren Chromosomenstruktur leicht verändert ist. Wenn sich eine Mutation über mehrere Generationen hält, kann sie dazu führen, daß eine Fortpflanzung mit anderen Menschen unmöglich wird. Aber nur wenige dieser Neubildungen überdauern: Die natürliche Auslese eliminiert den größten Teil. Eine Mutation kann sich meist nur halten, wenn ihre Träger bald nach ihrem Auftreten vom Rest der Population isoliert werden, denn sonst verliert sich die Veränderung in kürzester Zeit in der Stammpopulation. Es gibt allerdings Ausnahmen: eng verwandte Arten wie Kamel und Dromedar oder auch Tiger und Löwe. Diese Tiere können sich paaren, wobei die Kreuzungsprodukte fruchtbar sind. Das heißt, daß sie nicht wirklich verschiedenen Arten angehören.

– *Und wie ist das mit uns? Hätten sich der* Homo erectus *und der* Homo sapiens *miteinander kreuzen können?*

– Das weiß man nicht. Es wäre möglich gewesen, wenn beide ein und derselben Spezies angehört hätten. Der Übergang vom einen zum anderen läßt sich am leichtesten durch die Hypothese erklären, daß sich der *Homo sapiens* in Afrika aus einer örtlich begrenzten Population des *Homo erectus* entwickelt hat. Hierbei kann – muß aber nicht – eine neue Art entstanden sein. In der Wissenschaft sind die einfachsten Hypothesen die besten, vorausgesetzt, sie lassen sich aufrechterhalten.

NICHT DAS GELOBTE LAND

– Der heutige Mensch ist also zuerst irgendwo im Nahen Osten, in Palästina aufgetaucht. Das stimmt nachdenklich … Wieder einmal verbindet sich die Wissenschaft in gewisser Weise mit der Religion, so wie es schon beim Urknall der Fall war, der an die Schöpfungsgeschichte erinnert: »Es werde Licht!«

– Es gibt absolut keinen Zusammenhang zwischen der Wissenschaft und der Religion. Es ist zwecklos, den Ursprung der Menschheit im Heiligen Land oder die Spuren der Arche Noah in der Türkei zu suchen. Ich glaube, es gibt zwei verschiedene religiöse Einstellungen. Bei der ersten legt man die Heilige Schrift wortwörtlich aus und interpretiert die Wirklichkeit im Sinne dieses Textverständnisses. Diese fundamentalistische Auffassung der Religion wurde im Christentum von Erzbischof Usher vertreten. Mitte des 17. Jahrhunderts hat er ausgerechnet, daß die Welt im Jahre 4004 v. Chr. erschaffen wurde. Das ist natürlich lächerlich. Einige fundamentalistische Rabbiner wollen sogar die alten Fossilien wieder eingraben, weil es sich dabei um die Knochen von Juden handeln könnte … Solche Vorstellungen sind ganz offensichtlich nicht mit der Wissenschaft in Einklang zu bringen.

– Und die andere Auffassung?

– Ihr zufolge haben die alten Texte einen symbolischen Wert. Sie dienen der Festlegung bestimmter Verhaltensregeln und definieren sowohl einen Moralkodex als auch die Beziehung zu unserem Schöpfer. Das kann nicht Aufgabe der Wissenschaft sein. Diese zweite Herangehensweise versetzt uns in die Lage, die Schrift neu zu deuten und mit unserem heutigen Wissen in Einklang zu bringen. Indem Papst Johannes Paul II. der Evolutionstheorie »einen gewissen Wert« zuerkannt hat, hat er einen kleinen Schritt in diese Richtung getan.

VOM AUSSTERBEN BEDROHT

– Kehren wir zur Wissenschaft zurück. Da haben wir eine kleine Urgruppe, die Gründerpopulation unserer Spezies, die im Nahen Osten gelebt hat, mit anderen Worten: unsere Urahnen. Weiß man, wie sie ausgesehen haben?

– Man kann weder über ihre äußeren Körpermerkmale noch über ihre Hautfarbe etwas sagen. Wenn man sich aber vorstellt, daß sie ziemlich lange im Nahen Osten gelebt haben und sich dort an die örtlichen Lebensbedingungen anpassen mußten, kann man davon ausgehen, daß ihre Haut von der Sonne gebräunt war. Und wenn man berücksichtigt, daß sie der Ursprung der großen Vielfalt aller heutigen menschlichen Populationen sind, kann man sicher sein, daß sie das Potential hatten, unterschiedliche Nachkommen in die Welt zu setzen.

– Was weiß man noch darüber?

– Vor kurzer Zeit hat man mit Hilfe der Gentechnik etwas ganz Erstaunliches entdeckt: Als man die Gene von Menschen aus den verschiedensten Regionen der Welt miteinander verglich, stellte man fest, daß alle ziemlich homogen waren. Man hat dann ein Computerprogramm geschrieben, das die Lebensbedingungen unserer Vorfahren und die Art und Weise, wie sie ihre Gene weitergegeben haben könnten, simuliert. Genetisch derart homogene Populationen, wie man sie heute beobachten kann, sind nur möglich, wenn die Zahl unserer Vorfahren in der Vorzeit eine Zeitlang sehr klein war. So klein, daß ihre Population vom Aussterben bedroht war.

– *Gleich zu Anfang?*

– Jedenfalls vor langer Zeit. Das wird auch durch andere Hinweise bestätigt. In der Regel haben Spezies, die groß gebaut sind, wenige Individuen. So sind die Populationen der großen Primaten, Säugetiere und Vögel niemals sehr zahlreich. Maximal ein paar Zehntausend und nicht Hunderte von Millionen. Die Menschen sind der Regel aller großen Primaten gefolgt: Sie machten sich rar. Deshalb sind auch menschliche Skelette aus jüngerer Zeit bedeutend zahlreicher als aus dem Paläolithikum, vor der Erfindung des Ackerbaus. Die sind so selten, daß die Forscher sie im Tresor aufbewahren.

– *Hängt das nur mit ihrem Alter zusammen? Vielleicht sind sie ja auch zerstört worden oder sehr schwer zu finden.*

– Nein. Seit über hunderttausend Jahren begräbt man die Toten in Grabkammern, in denen die Bedingungen für die Fossilienbildung und Konservierung der Skelette gut sind. Selbst wenn wir davon ausgingen, daß die Menschen der Altsteinzeit ihre Toten systematisch zerstört, also verbrannt hätten, hätte man zumindest Spuren von Feuerstellen finden müssen. Das ist jedoch nicht der Fall. Man hat so wenige Skelette gefunden, weil es nur wenige Menschen gab.

– *Wie viele werden es wohl gewesen sein?*

– Fünf- bis zehntausend Fortpflanzungsfähige in der gesamten Spezies, das heißt etwa dreißigtausend Personen einschließlich der Alten und der Kinder … das ist ungefähr die Einwohnerzahl von Garmisch-Partenkirchen oder Schleswig. Und diese Menschen, die sicher nur in bestimmten Regionen gelebt haben, stellten damals die gesamte Weltbevölkerung dar. Die modernen Menschen waren zu Anfang so wenige, daß sie lange Zeit vom Aussterben bedroht waren.

– *Dann hätte es uns nie gegeben?*

– Genau, beim Erscheinen des *Homo sapiens* stand sein Schicksal noch nicht fest. Er hätte genausogut von einem Virus wie etwa Ebola oder Aids befallen werden können, der die gesamte Gruppe von dreißigtausend infiziert hätte. Oder es hätte infolge einer Dürre eine große Hungersnot gegeben, und das wäre es dann gewesen … Dann wären wir jetzt nicht hier, um darüber zu reden.

DIE ZWEITE REISE

– *Wenn der* Homo sapiens *ausschließlich im Nahen Osten oder in Afrika aufgetaucht ist, muß er sich – genau wie sein Vorfahre, der* Homo erectus *– auf den Weg gemacht haben, um die anderen Kontinente zu erobern.*

– Ja: Das ist die zweite große Kolonisationswelle, die vor etwa 100 000 Jahren begann und sich Zehntausende von Jahren hinzog. Erst ziemlich lange nach dem *Homo erectus* hat sich eine kleine Gruppe des *Homo sapiens* – immer noch Jäger und Sammler der Altsteinzeit – auf den Weg gemacht, um alle fünf Kontinente zu erobern: Asien (einschließlich Chinas) etwa 67000 v. Chr., Neuguinea und Australien etwa 50000 v. Chr., Westeuropa ungefähr 40000 v. Chr.; davon zeugen die Skelettfunde des sogenannten Crô-Magnon-Menschen ... Etwa 45000 bis 35000 Jahre vor unserer Zeitrechnung haben sie sich in Afrika ausgebreitet. Dann Amerika – zum ersten Mal vor 47000 Jahren, aber damals offensichtlich ohne Erfolg, und ein zweites Mal etwa 18000 v. Chr.

– *Und immer wieder muß ich die Frage stellen: Woher weiß man das alles?*

– Leider besitzen wir über diese zweite Kolonisation nur spärliche Informationen. Ein paar Fossilien, ein Schädel, den man in China gefunden hat, ein weiterer in Australien, Werkzeuge und hier und da Spuren von schwer einzuordnenden Aktivitäten ... Das ist herzlich wenig. Wir müssen deshalb den Ablauf der Ereignisse mit Hilfe der Erkenntnisse der Paläogeographie rekonstruieren, einer Wissenschaft, die sich mit der Entwicklung der Kontinente beschäftigt. So war zum Beispiel vor 18000 Jahren, in einer Periode, die man besonders sorgfältig studiert hat, der Meeresspiegel sehr niedrig. Die Inseln Südostasiens waren mit dem Kontinent verbunden, so daß man trockenen Fußes von Vietnam nach Java, Taiwan oder zu den Philippinen gelangen konnte. Es gab jedoch noch einen etwa 90 Kilometer breiten Meeresarm zwischen Timor und jenem Kontinent, der damals Australien und Papua-Neuguinea umfaßte.

– *Wie haben unsere Vorfahren diesen Meeresarm überwunden?*

– Möglicherweise in Einbäumen ... Jedenfalls haben sie das Wasser überquert. Man weiß außerdem, daß die Sahara zu dieser Zeit bedeutend größer war als heute und daß es in Zentralafrika, in der Nähe des Äquators, nur einen schmalen Waldstreifen gab, dem zwei Savannenzonen benachbart waren. Es besteht kein Zweifel daran, daß eine kleine Gruppe von Menschen in diese geographische Falle geraten ist. Sie hat möglicherweise eine besondere Entwicklung durchgemacht, was die Merkmale bestimmter afrikanischer Populationen erklären würde. Die Computersimulationen haben uns jedenfalls gezeigt, daß zu dieser Zeit zahlreiche Völkerwanderungen stattgefunden haben. Die Menschen waren Jäger und Sammler, Halbnomaden, die erheblichen Klimaveränderungen ausgesetzt waren ... Sie sind zweifellos häufiger gewandert, als wir es uns heute vorstellen können.

UNSERE VORFAHREN, DIE EINWANDERER

– Als unsere Vorfahren auf den Spuren ihrer Vorgänger Europa erreichten, erlebten sie eine Überraschung: Plötzlich sahen sie sich mit seltsamen Eingeborenen konfrontiert – den Neandertalern. Wo kamen die denn auf einmal her?

– Die sind natürlich nicht vom Himmel gefallen. Sie sind entweder Nachfahren des *Homo habilis,* der Europa schon lange zuvor bevölkert hatte und sich in der hiesigen Isolation verändert hat, oder – was wahrscheinlicher ist – einer Horde von *Homo erectus,* die den Nahen Osten verlassen und sich in Europa niedergelassen hatte.

– *Yves Coppens hat uns in* Die schönste Geschichte der Welt *erklärt, daß diese beiden Populationen teilweise nebeneinander existierten.*

– Ja. Lange Zeit hat man geglaubt, daß der *Homo sapiens*, dessen Überreste man zum Beispiel in Crô Magnon fand und den man für einen edlen Menschen auf einer hohen Entwicklungsstufe hielt, der älteste Europäer sei und daß die Neandertaler, jene untersetzten Wesen, plötzlich aus irgendwelchen obskuren Landstrichen nach Europa eingefallen seien. Auf diese Weise konnte man so tun, als seien Intelligenz und künstlerische Fähigkeiten in Europa und nirgendwo anders entstanden. Das war in doppelter Hinsicht falsch. Auf der einen Seite weiß man heute, daß die beiden menschlichen Populationen von vergleichbarer Gewandtheit waren, daß beide ihre Toten mit bestimmten Ritualen begraben haben, daß sie komplizierte Werkzeuge benutzten und zur selben Zeit die gleiche Kulturstufe erreicht hatten. Auf der anderen Seite hat man 1988 Fossilien des heutigen Menschen aus dem Nahen Osten untersucht und festgestellt, daß sie etwa 100000 Jahre alt sind, also mußte man das Modell umkehren: Die Crô-Magnon-Menschen waren nicht die Ureinwohner Europas, sondern kamen von auswärts. In diesem Sinne waren schon unsere Vorfahren Einwanderer.

– *Ihre Neandertaler sind also genauso schlau gewesen wie die anderen, trotzdem sind sie ausgestorben.*

– Die einen glauben, daß sich die beiden Linien so lange bekämpft haben, bis die Neandertaler ausgestorben waren; andere sind der Ansicht, daß sie sich mit den graziler gebauten *Homo sapiens* gepaart haben und so ihre Gene in unser Erbgut einbrachten ... Dafür gibt es allerdings keine Beweise. Wir besitzen zwar ein kleines DNS-Stück eines Neandertalers, aber das reicht nicht aus, um eine Aussage darüber zu machen, ob sich die beiden Populationen vermischt haben, ob es sich also um zwei verschiedene Spezies oder nur um zwei Varianten derselben Spezies des modernen Menschen gehandelt hat. So kommt es zum Beispiel gar nicht so selten vor, daß man in unserer Population einen Menschen mit dicken Augenwülsten trifft oder mit einer seltsamen Schädelform, die mehr oder weniger dreieckig ist. Handelt es sich hierbei um das Ergebnis einer Genmutation, wie sie gelegentlich vorkommt? Oder werden bei solchen Personen die alten Gene des Neandertalers reaktiviert und zeigen so ihre Auswirkungen? In jedem Fall wäre man sicherlich überrascht, wenn man plötzlich auf der Straße einen Neandertaler träfe. Obwohl er uns womöglich nicht viel exotischer vorkäme als mancher unserer Zeitgenossen.

DIE WAHRE ENTDECKUNG AMERIKAS

– Sie sagten, eine andere Gruppe unserer Vorfahren sei bis zur anderen Seite des Atlantik vorgedrungen. Das dürfte der letzte Kontinent gewesen sein, den sie erobert haben. Weiß man, wie sich diese erste Entdeckung Amerikas abgespielt hat?

– Man redet fälschlicherweise von einer Eisbrücke über das Beringmeer ... Aber es war viel einfacher. Die Klimaforscher sagen, daß der Meeresspiegel damals etwa alle 20000 Jahre abgesunken ist, so daß man den amerikanischen Kontinent von

Sibirien aus trockenen Fußes erreichen konnte. Im Laufe der Vorgeschichte haben mit Sicherheit mehrere Eroberungen Amerikas stattgefunden. In Brasilien hat man Spuren einer Besiedlung gefunden, die sich vor 45000 Jahren zugetragen hat.

– *Was ist aus diesen ersten Amerikanern geworden?*

– Das weiß man nicht. Gibt es womöglich unter den Indianern Nachfahren dieser ersten Siedler? Oder – was wahrscheinlicher ist – sind sie ausgestorben? Man hat in Amerika keine weiteren Spuren von Menschen gefunden, die älter sind als 20000 Jahre. Zu dieser Zeit ist, vom Beringmeer kommend, die eigentliche indianische Bevölkerung entstanden, und zwar in mehreren aufeinanderfolgenden Wellen.

SCHON DAMALS DIE ERSTE GLOBALISIERUNG

– *Alle diese Männer und Frauen, die sich auf eine derart abenteuerliche Reise begeben haben und den Unbilden der Natur ausgeliefert waren, haben sich auf verschiedenen Kontinenten niedergelassen und dort genau wie ihre Vorfahren Tausende von Jahren zuvor gelebt: Sie waren Jäger und Sammler.*

– Ja. Und sie waren immer noch sehr verwundbar. Zu dieser Zeit waren die menschlichen Populationen noch sehr klein und lebten isoliert in völlig unterschiedlichen Lebensräumen: in den Tropenwäldern, in den Wüsten oder in Sibirien. Drei von vier Kindern sind gestorben, bevor sie das Erwachsenenalter erreicht hatten. Gründe für diese hohe Kindersterblichkeit waren Krankheiten und Unterernährung direkt nach der Stillzeit. Viele sind auch später schlichtweg verhungert.

– Hungersnot? War das nicht das Zeitalter des Überflusses, wie es so oft beschrieben wird?

– Die Jäger und Sammler litten sehr häufig unter Hungersnöten und waren den Unbilden der Natur ziemlich schutzlos ausgeliefert. Eine durchgreifende Änderung dieser Situation brachte erst die Einführung von Ackerbau und Viehzucht vor etwa 10000 Jahren. Erst danach gab es Nahrung im Überfluß, was sich natürlich sofort auf die Bevölkerungszahl auswirkte. In Abhängigkeit von den örtlichen Gegebenheiten haben die Menschen sich schnell vermehrt, zehn- bis dreißigfach, davon zeugen Tausende von Gräbern und der Überfluß an Fossilien aus dieser jüngeren Periode.

– Man kann also inzwischen davon ausgehen, daß unsere Erde vor etwa 20000 Jahren (das heißt im Jahre 18000 vor unserer Zeitrechnung) vollständig erobert war?

– Ja. Vor ungefähr 30000 Jahren gab es auf vier Kontinenten Menschen, vielleicht auch schon in Amerika, wenn man an die erste Besiedlung denkt. Im Jahre 18000 v. Chr. bevölkerten sie alle fünf Kontinente unseres Planeten mit Ausnahme einiger Inseln im Pazifik, die bedeutend später besiedelt wurden – die Osterinseln sogar erst im letzten Jahrtausend. Damit war die Erde vollständig kolonisiert.

3. Szene: Frühling der Völker

Unsere Vorfahren lassen sich also in den von ihnen eroberten Territorien nieder, so gut es eben geht. Nach und nach bilden sich unterschiedliche Gruppen, einzelne Völker und Sprachen entstehen. Es kommt zu einer großen menschlichen Vielfalt.

DAS LOTTERIESPIEL

– *Das war's! Der gesamte Planet ist besiedelt. Von jetzt an bewohnen die Menschen alle fünf Kontinente. Trotzdem gehören sie alle ein und derselben Spezies an, alle stammen von jener kleinen Urpopulation ab, über die wir geredet haben. Aber sie werden sich differenzieren. Wie?*

– Auch wenn sich die Menschen inzwischen über den gesamten Planeten verteilt haben, ist ihre Zahl immer noch sehr klein. Wir dürfen nicht vergessen, daß die Gruppen, die sich auf die Wanderung begeben haben, um neue Welten zu entdecken, alle aus einer einzigen Gemeinde von lediglich 30000 Individuen hervorgegangen sind und daß sich ihre Zahl im Laufe der Jahrtausende, in denen die Eroberungen stattgefunden haben, nicht wesentlich vergrößert hat. Die Gene, die jede einzelne Gruppe dieser Wanderer in ihren Zellen getragen hat, waren nicht mehr völlig identisch mit denen der Urbevölkerung.

– *Warum nicht?*

– Auch wenn jeder das gemeinsame genetische Erbe der Spezies besitzt, ist jedes Individuum einzigartig. Jedes hat seine eigene genetische Originalität, das heißt: eine besondere Kombination, die es von seinen Eltern ererbt hat. In gewisser Weise war jede Emigration ein Lotteriespiel, so als würde man eine Handvoll Genvarianten – sogenannte Allele (wird z. B. die Augenfarbe durch ein Gen festgelegt, so nennt man die besonderen Formen des Gens, die für blaue, grüne, braune oder graue Augen verantwortlich sind, Allele dieses Gens) – nach dem Zufallsprinzip aus dem gemeinsamen Vorrat schöpfen. Je seltener ein bestimmtes Allel, um so größer die Gefahr, daß es in der Stichprobe nicht mehr vorkam. Die häufigsten Allele waren mit Sicherheit immer vertreten, wenn auch nicht im selben Verhältnis wie in der Gesamtpopulation. Die Auswanderer, die sich über den ganzen Erdball verteilt hatten, führten also ein ganz spezifisches genetisches Repertoire mit sich, das nicht mehr genau dem ihrer Ursprungsgemeinde entsprach. Dieser Unterschied bezieht sich nicht auf die eigentlichen Gene – denn alle Menschen schöpfen aus ein und demselben Genvorrat –, sondern auf neue Mutationen sowie die relative Häufigkeit der alten Allele. So hoben sie sich im Laufe der Generationen Schritt für Schritt in immer stärkerem Maße von der Population ihrer Vorväter ab, die sie verlassen hatten.

– Diese Wanderungen haben also die menschliche Population aufgespalten. Haben sie auch körperliche Veränderungen mit sich gebracht?

– Ja, aber das Glücksspiel der Mutationen allein genügte nicht, auch die Umwelt hat in der Vorgeschichte eine Rolle gespielt. Im Laufe der Generationen hat sie zu einer Selektion jener Individuen geführt, die sich am besten an die jeweiligen Umweltbedingungen anpassen konnten. So kam es zum Beispiel zur Ausprägung bestimmter körperlicher Eigenschaften und zur Differenzierung morphologischer Kriterien wie Körpergröße, Körperform oder Hautfarbe.

– Welche Rolle hat die Umwelt bei dieser Selektion gespielt? Nehmen wir zum Beispiel die Hautfarbe. Wenn man die Hypothese vertritt, daß die ersten Europäer aus dem Nahen Osten kamen, also eher eine braune Haut hatten, wieso sind ihre Nachfahren dann weiß geworden?

– Diese Frage läßt sich nur beantworten, wenn wir den Menschen von heute studieren. Wenn man sich die Verteilung der Hautfarben auf der Welt anschaut, zumindest bei den Völkern, die nicht in jüngster Zeit verschleppt worden sind, findet man eine absolute Übereinstimmung mit den Klimakarten, mit der Anzahl der Sonnenstunden: Menschen, die in sonnigen Gebieten leben, haben eine dunkle, die anderen dagegen eine helle Haut.

SONNE AUF DER HAUT

– Die Sonne hat damals also Einfluß genommen. Wie?

– In diesem Fall können wir nur spekulieren. Man weiß heute zum Beispiel, daß weiße Surfer aus Irland oder Schweden häufiger an Hautkrebs erkranken als australische Aborigines, die nackt in der Wüste leben. Daher die Annahme, daß bestimmte Krankheiten zu einer Selektion unserer Vorfahren geführt haben. Über einen Zeitraum von Tausenden von Generationen könnte dieser winzige Unterschied in der Sterblichkeitsrate die Anlage zu heller Haut eliminiert haben: Hellhäutige Menschen hatten in den Tropen aufgrund ihres im Schnitt etwas früheren Todes weniger Nachkommen, und das könnte eine Erklärung dafür sein, warum die Bevölkerung dieser Zonen nach und nach dunkelhäutig wurde.

– Möglich. Aber warum haben andererseits die Menschen, die in weniger sonnigen Gebieten leben, eine helle Haut?

– Dazu gibt es eine andere Hypothese: Man weiß heute, daß Vitamin D zur Kalziumbindung in den Knochen gebraucht wird; Säuglingen wird es oft zur Rachitisvorbeugung verabreicht. Unser Organismus kann das Vitamin unter Einwirkung der ultravioletten Sonnenstrahlung, die auf unsere Haut trifft, selbst bilden. Man hat feststellen können, daß Dunkelhäutige in Gebieten, in denen das Sonnenlicht schwächer ist, weniger Vitamin D synthetisieren als Hellhäutige. Daher nimmt man an, daß in der Vorzeit Menschen mit dunkler Haut in den gemäßigten, kontinentalen und subarktischen Klimazonen häufiger unter Rachitis gelitten haben als die Hellhäutigen. Im Laufe der Generationen könnte es hier also zu einer Auslese der Menschen mit heller Haut gekommen sein. Aber das sind alles nur Hypothesen.

PAPUA UND BANTU

– Weiß man wenigstens, wie lange es gedauert hat, bis die Haut unserer Vorfahren in den verschiedenen Breiten sich farblich deutlich unterschied?

– Wahrscheinlich nur ein paar tausend Generationen ... Betrachten wir einmal die Indianer. Sie haben sich erst in jüngerer Zeit auf dem amerikanischen Kontinent niedergelassen, etwa 20000 bis 5000 Jahre vor unserer Zeitrechnung. Man kann heute feststellen, daß diejenigen, die sich in Guatemala oder Kolumbien angesiedelt haben, bei der Geburt eine bedeutend dunklere Haut haben als die, die aus Kanada oder Argentinien stammen. Also haben 15000 Jahre gereicht, um einen solchen Unterschied genetisch zu verankern. Dieses Phänomen finden wir auch bei den Melanesiern in Südostasien, die zumeist ziemlich schwarz sind, während die Polynesier eine bedeutend hellere Haut haben, obwohl diese beiden Populationen genetisch und kulturell eng miteinander verwandt sind.

– *Ist auch das Gegenteil möglich? Kann man sich körperlich ähneln und gleichzeitig genetisch unterschiedlich sein?*

– Die Papua in Neuguinea und die Bantu in Afrika sind, wie ihre unterschiedliche Allelverteilung zeigt, nur äußerst weitläufig verwandt. Die Papua stehen genetisch den Vietnamesen und Chinesen nahe, die Bantu eher den anderen Afrikanern, was auch logisch erscheint. Trotzdem ähneln sich die beiden Typen körperlich: beide sind klein, haben krauses Haar und sehr dunkle Haut, denn beide leben in den Wäldern der äquatorialen Zone. Das alles deutet darauf hin, daß in der Vorzeit die Bewohner klimatisch ähnlicher Regionen im Zuge ihrer Anpassung sehr schnell auch ähnliche Körpermerkmale entwickelten.

»RASSENKUNDE«: KEINE WISSENSCHAFT

– Es gibt also einen Zusammenhang zwischen den Genen und dem Lebensraum, den sich unsere Vorfahren ausgesucht haben. Beide Faktoren zusammen sind für die charakteristischen Merkmale der einzelnen Völker oder Rassen verantwortlich – oder sollte man besser sagen: der »ethnischen Gruppen«? In der Wissenschaft spricht man heutzutage nicht mehr von »Menschenrassen«, nicht wahr?

– So ist es. Die Geschichte der »Rassenkunde« besteht aus einer langen Reihe von Vorurteilen. Und die Wissenschaft hat ihren Teil dazu beigetragen. Lange Zeit haben sich die Anthropologen bei der Einteilung der Menschen in verschiedene Rassen an der Hautfarbe orientiert: die Weißen, die Schwarzen, die Gelben. Nachdem man dann zu Beginn unseres Jahrhunderts die Blutgruppen entdeckt hatte, glaubte man, hier einen Zusammenhang gefunden und so die Existenz der Rassen bestätigt zu haben. Die Nazis haben sogar nachzuweisen versucht, daß die Blutgruppe B ein Mischlingsmerkmal, also Anzeichen einer »Minderwertigkeit« sei und bei den echten Ariern nicht vorkomme. Das ist natürlich Unsinn. Heute weiß man, daß im größten Teil der Weltbevölkerung alle Blutgruppen vorkommen. Im Ernstfall ist es bedeutend besser, einen Papua der eigenen Blutgruppe als Spender zu haben als den Weißen von nebenan, der eine andere Blutgruppe hat. Und das trifft auch auf Organtransplantationen zu.

– Und auf die anderen Gene?

– Man kennt heute Tausende von unterschiedlichen genetischen Anlagen. Aber so etwas wie typisch »weiße« oder »schwarze« Gene gibt es nicht.

Uns ist kein einziges Gen bekannt, das man bei allen Angehörigen einer Ethnie und bei keinem anderen Menschen vorfindet. Nach dem Zweiten Weltkrieg haben die Wissenschaftler festgestellt, daß das Repertoire der Gene überall auf der Welt, bei allen Populationen, gleich ist. Allele, die bei den Europäern häufig vorkommen, sind bei den Orientalen oder Australiern unter Umständen seltener anzutreffen, aber trotzdem vorhanden. Die genetischen Unterschiede lassen sich nicht mit den »klassischen« Rassekategorien wie Kopfform, Hautfarbe oder geographischem Ursprung zur Deckung bringen. Es ist unmöglich, die Menschheit in genetisch klar separierte Gruppen einzuteilen.

– *Nicht einmal in kleinere Gruppen, die sich genetisch ähneln?*

– Nein. Vergleicht man zwei Personen miteinander, ist die Wahrscheinlichkeit einer Ähnlichkeit natürlich größer, wenn sie aus derselben Gemeinde stammen. Aber daraus läßt sich noch nicht der Schluß ableiten, es gebe so etwas wie »Familien«, deren Angehörige sich genetisch in jeder Hinsicht ähneln. Das ist sicher nicht so leicht zu verstehen, aber es ist so: Die Menschheit der Gegenwart läßt sich nun einmal nicht in einfache genetische Kategorien einordnen. Wenn man Leute der Blutgruppe A betrachtet, stellt man fest; daß sie aus aller Herren Länder kommen. Wenn man nach Menschen mit positivem Rhesusfaktor sucht, wird man eine andere Stichprobe der Weltbevölkerung bekommen. Die »Familie« hängt also einzig und allein von dem Kriterium ab, das man ausgewählt hat. Wenn man beispielsweise die Hautfarbe, die Blutgruppe, den

Rhesusfaktor, die Körpergröße oder irgend etwas anderes auswählt – immer wird man eine andere Klassifikation bekommen.

EIN GEMÄLDE – VIELE FARBEN

– *Warum spricht man dann trotzdem von unterschiedlichen Menschentypen? Geht es dabei nur um das äußere Erscheinungsbild?*

– Ja, und wir haben keinen Grund, auf unser Erscheinungsbild besonders stolz zu sein. Bereits 1784 schrieb Johann Gottfried von Herder an die Adresse derjenigen, die sich damals mit der Klassifikation der Rassen beschäftigt haben: »Kurz, weder vier oder fünf Rassen noch ausschließende Varietäten gibt es auf der Erde. Die Farben verlieren sich ineinander: die Bildungen dienen dem genetischen Charakter; und im ganzen wird zuletzt alles nur Schattierung eines und desselben großen Gemäldes, das sich durch alle Räume und Zeiten der Erde verbreitet.«

– *Sehr schön! Er war seiner Zeit voraus.*

– Ja. Im Jahre 1924 hat der Genfer Anthropologe Eugène Pittard auf seine Art dasselbe ausgedrückt: Die Varianz zwischen den Individuen ein und derselben Population sei ungeheuer groß, sie erstrecke sich kontinuierlich auf die Nachbarvölker, ohne daß man Grenzen oder Brüche zwischen ihnen ausmachen könne. Inzwischen wurde diese These von den jüngsten Forschungsergebnissen bestätigt: Innerhalb der einzelnen Populationen gibt es eine große Vielfalt. So findet man zum Beispiel bei der Hautfarbe, vor allem bei den Dunkelhäutigen, erhebliche

Unterschiede ... Wenn man über unseren Planeten spaziert, stellt man fest, daß es zwischen den einzelnen Populationen unserer Erde fast kontinuierliche Übergänge gibt – sie sind eben Schattierungen ein und desselben Gemäldes ...

– *Und diese Kontinuität, diese allmählichen Abstufungen lassen sich auch heute noch beobachten?*

– Ja. Innerhalb von zehn- bis dreißigtausend Jahren haben sich die Gene nicht sehr verändert. Was sich geändert hat, sind die äußeren Körpermerkmale, die Körperformen, die Hautfarbe, vor allem jedoch die Kulturen, Religionen und Sprachen.

EINE EINZIGE SPRACHE

– *Man kann sich vorstellen, daß die ersten Siedler, die sich von ihrer ursprünglichen Gruppe abgesondert hatten, einen eigenen Dialekt entwickelt haben, der sich mehr und mehr von der Ursprungssprache unterschied. Sind so die verschiedenen Sprachen entstanden?*

– Ohne den geringsten Beweis hat man lange Zeit angenommen, daß sich das Sprachvermögen in jeder Gegend, in der sich Menschen ansiedelten, unabhängig entwickelt habe und daß auf diese Weise die verschiedenen modernen Sprachen entstanden seien. In der westlichen Wissenschaft hat das dazu geführt, daß Untersuchungen der Verwandtschaft zwischen den großen Sprachfamilien belächelt, wenn nicht gar tabuisiert wurden. Heute glaubt man dagegen, daß es ursprünglich überhaupt nur eine einzige Sprache gegeben hat, aus der alle anderen entstanden sind.

– *Gibt es Beweise für diese Hypothese?*

– Es gibt eine Anzahl von Hinweisen, die damit übereinstimmen. Der Amerikaner Noam Chomsky war der erste, der entdeckt hat, daß alle Sprachen bestimmte gemeinsame Strukturen aufweisen. Seine Auffassung wurde später von anderen Linguisten bestätigt. Inzwischen weiß man außerdem, daß ein Säugling, ganz gleich, wo er geboren wurde, ein universelles Sprachvermögen besitzt: Nach seiner Geburt könnte er jede beliebige Sprache erlernen. Nach und nach verliert er diese Fähigkeit und bevorzugt die Klänge seiner Muttersprache oder eben der Sprache, die in seiner Umgebung gesprochen wird. Wir können also davon ausgehen, daß jeder Mensch die Fähigkeit besitzt, alle möglichen Laute hervorzubringen und Sätze zu bilden. Dann haben die Linguisten entdeckt, daß zwischen den einzelnen modernen Sprachen Verbindungen bestehen, die die Existenz von großen Sprachfamilien beweisen. Und auch zwischen diesen großen Familien suchen sie jetzt nach Verwandtschaften.

– *Wie machen sie das?*

– Man hat bestimmte Schlüsselwörter ausgewählt und analysiert, Begriffe, die man zum Leben braucht: Wasser, ich, du ... Dann hat man sie innerhalb der verschiedenen Sprachgruppen miteinander verglichen. Dabei ist man zu dem Ergebnis gekommen, daß es vier große afrikanische Sprachfamilien gibt: die Schnalzlaut-Sprachen der Khoisan (Hottentotten und Buschmänner) weit im Süden des Kontinents, die Niger-Kongo-Sprachen im Zentrum, Süden und Westen Afrikas, die hamito-semitische Sprachfamilie (auch afro-asiatisch genannt), z.B. Altägyptisch, Berbersprachen, Arabisch und Hebräisch, sowie die nilo-saharanischen Sprachen, von der Schleife des Niger bis nach Ostafrika. In Amerika hat man drei große Sprachfamilien gefunden, aber die Ergebnisse sind zur Zeit noch umstritten. Auch Merrit Ruhlen, ein amerikanischer Linguist, hat Sprachwurzeln entdeckt, die allen Weltsprachen gemeinsam sind. Es sind in gewisser Weise Wortfossilien, ähnlich wie die Gen- oder Knochenfossilien. Alle diese Übereinstimmungen weisen darauf hin, daß es ganz zu Anfang nur eine einzige Sprache gegeben hat, sozusagen unsere Urmuttersprache. Aus ihr haben sich dann die etwa fünftausend heutigen Sprachen gebildet, die sich zwölf Sprachfamilien zuordnen lassen und die mit Sicherheit in der Zeit zwischen 50000 und 20000 vor unserer Zeitrechnung entstanden sind.

DIE GENE HABEN DAS WORT

– *Und das stimmt außerdem mit der Erkenntnis überein, daß es tatsächlich nur eine einzige kleine Gruppe von Vorfahren gegeben hat, deren Mitglieder sich in derselben Epoche voneinander getrennt haben und auf die Wanderschaft gegangen sind, so wie Sie es berichtet haben.*

– Genau. Der amerikanische Forscher Luca Cavalli-Sforza hat einen Gedanken verfolgt, der auf den ersten Blick ein wenig seltsam erscheinen mag: Er hat die Sprachenvielfalt mit der Vielfalt der Gene in den verschiedenen Kontinenten verglichen. Meine eigene Forschungsgruppe hat vergleichbare Untersuchungen bei afrikanischen Populationen durchgeführt. Wir waren alle sehr überrascht, als wir entdeckten, daß zwischen beiden untersuchten Kriterien ein sehr enger Zusammenhang besteht. Wenn zwei Populationen genetisch eng miteinander verwandt sind, sind sie es auch sprachlich. Im selben Maß, in dem sich die Verteilung ihrer Gene ähnelt, ähnelt sich auch ihr Grundwortschatz.

– Wie läßt sich das erklären?

– Es ist natürlich klar, daß die Sprache, die man spricht, nicht biologisch vererbt wird. Ein Säugling lernt ganz einfach die Sprache, die dort gesprochen wird, wo er aufwächst, ganz gleich, wo er geboren wurde und wer seine Eltern sind. Wenn es eine solche Parallele zwischen den Genen und der Sprache gibt, dann hängt das zweifellos damit zusammen, daß die Menschen in der Zeit zwischen 30000 und 3000 vor unserer Zeitrechnung den afrikanischen Kontinent in vier Wellen bevölkert haben, die den vier Sprachfamilien entsprechen. Zwischen diesen Gruppen gab es kaum Kontakte, so daß sich die Sprachen sehr schnell auseinanderentwickelt haben, ganz ähnlich wie die Zusammensetzung des Genpools.

– Wie lange hat das gedauert?

– Bei den Sprachen ging das ziemlich schnell. Wir müssen uns einmal klarmachen, daß wir das Französische, das vor etwa tausend Jahren – also im Mittelalter – gesprochen wurde, heute kaum noch verstehen würden. Und daß sich die französische und die italienische Sprache in weniger als zweitausend Jahren voneinander abgesetzt haben ... Sprachen verändern sich bedeutend schneller als Genfrequenzen. Dialekte entwickeln sich schon in zwei bis drei Jahrhunderten, und so entstehen neue Sprachen. Es dauert jedoch zigtausend Jahre, bis die Evolution genetische Veränderungen hervorbringt, die deutliche Unterschiede zwischen den Populationen erkennen lassen. Die Zeiträume sind einfach völlig verschieden.

EIN GROSSES HIN UND HER

– *Wir kommen jetzt zu einer jüngeren Epoche, zur großen neolithischen Revolution, über die ich mich mit Jean Guilaine unterhalten werde. Inzwischen haben sich die Völker voneinander getrennt, sind seßhaft geworden und unterscheiden sich durch ihr genetisches Erbe und ihre Sprache voneinander. Man nimmt an, daß sich diese Bewegung in der Folge umgekehrt hat und die Gruppen nun beginnen, Kontakt miteinander aufzunehmen.*

– Genau. Und dieser Prozeß beschleunigt sich ab 10000 vor unserer Zeitrechnung, also in der Neusteinzeit. Die Bevölkerung wächst, die Menschen aus fünf Kontinenten nehmen Kontakt miteinander auf, und es kommt immer häufiger zu einem Austausch zwischen ihnen. Je näher die einzelnen Populationen zusammengerückt sind, um so intensiver kommunizieren sie miteinander, um so häufiger vermischen sie sich: Sie werden sich immer ähnlicher. Je weiter sie dagegen voneinander entfernt sind, um so größer bleiben die genetischen Unterschiede zwischen ihnen. Und dann kommt es zu ausgedehnten Völkerwanderungen, die sich über den gesamten Planeten erstrecken. Das ist der Ursprung der heute noch bestehenden Verteilung der Gene in der Menschheit.

– *Also noch einmal, woher weiß man das?*

– Zwischen der räumlichen Entfernung der einzelnen Populationen und den genetischen Unterschieden, die wir bei ihnen messen können, besteht ein eindeutiger Zusammenhang. Das haben unsere Untersuchungen bestätigt. Dabei darf man allerdings nicht von der Luftlinie zwischen zwei Orten ausgehen, sondern muß sich vergegenwärtigen, welche Form die Kontinente damals hatten, welche Wege man einschlagen mußte, welche Berge und Meeresarme damals zu überwinden waren. Wir haben bereits darüber gesprochen, daß alle modernen Menschen einen gemeinsamen Ursprung haben und daß die lokalen Unterschiede nur Randerscheinungen sind. Dieses Gesamtbild kann man sich nicht durch die Trennung der Populationen erklären, man muß es im Gegenteil als Ergebnis eines ständigen Austauschs und einer Durchmischung sehen.

– Dann verdanken wir das breite menschliche Spektrum, das wir heute kennen, einem groß angelegten Hin und Her?

– Ja. Manche Leute glauben, daß es solche Völkerwanderungen schon vor 500000 Jahren gegeben habe. Das ist allerdings eine ziemlich gewagte Hypothese, wenn man an die geringe Zahl der Menschen denkt, die in dieser Zeit gelebt haben. Andere vermuten, daß es in der Altsteinzeit bereits Ethnien gegeben habe, also Menschentypen, die sich stark voneinander unterschieden. Aber auch das ist eine Minderheitenposition. Und wenn es wirklich so war, dann hat die neusteinzeitliche Revolution die Unterschiede in jedem Fall wieder eingeebnet: Sie war ein regelrechter Bulldozer, ein großer genetischer Schmelztiegel … Nach und nach vermischte sich alles miteinander. Und diese Mischung hat zu der heutigen genetischen Vielfalt geführt.

VERSCHIEDEN UND DOCH GLEICH

– Diese Ereignisse haben dazu geführt, daß der Mensch seine biologische und physische Identität gewonnen hat. Wir sind mithin einerseits das Ergebnis der großen Diversifizierung, die unsere Vorfahren in der Altsteinzeit in Gang gesetzt haben, und andererseits der darauffolgenden Durchmischung. Haben wir uns seitdem nicht mehr verändert?

– Alles in allem sind sich die menschlichen Populationen genetisch sehr ähnlich, auch wenn sie sich im Hinblick auf ihre Körpermerkmale in mannigfacher Weise voneinander unterscheiden. Tatsächlich ist die »Karosserie« des Körpers, sind seine äußeren Aspekte – Hautfarbe, Größe und Gestalt, also alles, was in direkter Weise Kontakt zur Umwelt hat – sehr instabil. Sie haben sich nach den ersten Wanderungen schnell verändert. Der »Motor« dagegen, der sich im Inneren befindet, ändert sich praktisch nicht: Die 211 Knochen, aus denen das menschliche Skelett besteht, haben sich seit der Zeit unserer ersten Vorfahren, der Primaten, kaum verändert. Auch wenn die Häufigkeit dieses oder jenes Allels bei den einzelnen Völkern ein wenig abweicht, stammt doch das genetische Material der gesamten Menschheit aus einer Quelle, nämlich von den gemeinsamen Vorfahren unserer Spezies. Dieses Erbe wurde uns allen von einer etwa 5000 bis 10000 Leute umfassenden Fortpflanzungsgemeinschaft der Vorgeschichte vermacht. Im Laufe der Zeit sind daraus zwar sechs Milliarden Exemplare geworden, aber wir haben immer noch fast dasselbe Erbgut. Wenn man alle menschlichen Gene der Gegenwart sammelt, erhält man ein ähnliches Repertoire, wie es damals in Ostafrika, im Nahen Osten oder in Indien existierte.

– *Das bestätigt die Hypothese der modernen Wissenschaft, was unseren Ursprung anbetrifft: ein einziger Ort, eine einzige Population von Vorfahren, eine einzige Muttersprache … Die Lektion aus diesem ersten Akt könnte also lauten: Alle menschlichen Populationen unterscheiden sich nur durch ihr Äußeres. Wenn man dagegen das Innere, insbesondere die Zellstrukturen betrachtet, dann sind alle Populationen ziemlich gleich.*

– Genau. Manche Leute glauben immer noch, man könne die Menschheit in deutlich voneinander unterschiedene Rassen einteilen. Das ist jedoch unmöglich. Alle Klassifizierungen, die man sich ausdenken kann, sind zwangsläufig willkürlich. Aber die Tatsache, daß man die Menschen biologisch nicht klassifizieren kann, soll nicht bedeuten, daß sie sich nicht voneinander unterscheiden. Im Gegenteil: Die Vielfalt der Menschen ist immens. Sie ist verblüffend. Wir gehören alle ein und derselben Art an, wir besitzen alle dasselbe genetische Repertoire, wir stammen alle von denselben Vorfahren ab, wir sprechen alle verschiedene Sprachen, die jedoch von ein und derselben Ursprache abgeleitet sind. Aber wir sind Individuen, jeder einzelne von uns ist einzigartig. Tatsächlich besteht die gesamte menschliche Spezies nur aus Sonderfällen. Jeder unterscheidet sich von jedem. Seit der Zeit unserer ersten Vorfahren hat es auf der Erde etwa 80 Milliarden Menschen gegeben. Trotzdem hat es in der gesamten Geschichte der Menschheit noch nie jemanden wie Sie oder wie mich gegeben. Wir sind alle verschieden – und doch alle vom selben Stamm …

Zweiter Akt

Die Eroberung der Phantasie

1. Szene: Die Wiege der Kunst

Ein kaum wahrnehmbarer farbiger Strich, das in den Fels geritzte Abbild eines Tieres … Der Mensch schafft etwas ganz Neues, so als wolle er seinem eigenen Mysterium auf die Spur kommen.

DER ENTWURF DER ÄSTHETIK

– Nachdem sich unsere Vorfahren in kleinen Kolonien überall auf unserem Planeten angesiedelt haben, differenzieren sie sich immer mehr, entwickeln eigene Sprachen … und unternehmen wiederum etwas, was sie von der Tierwelt scheidet und eine neue Welt erschafft: eine erste Zeichnung, eine Gravur … Kann man sagen, daß der Mensch schon damals so etwas wie Kunst oder zumindest kreativen Schaffensdrang gekannt hat?

– JEAN CLOTTES: Ja. Vor 35000 Jahren besaß der Mensch, also *Homo sapiens*, bereits dasselbe Nervensystem wie wir heute, dasselbe Abstraktionsvermögen, dieselbe Fähigkeit zur Synthese. Diese Leute waren kein bißchen primitiver, sie gehörten zu unserer Spezies und waren Menschen wie wir. Natürlich haben sie die Welt anders gesehen, aber ihr Weltbild war deshalb nicht unbedingt weniger wertvoll. Bei jeder Begegnung mit ihnen stoßen wir auf Spuren künstlerischen Schaffens.

– Man kann davon ausgehen, daß sich die Kunst ständig weiterentwickelt hat. Der Motor dieser Evolution war das Ringen um komplexere Ausdrucksformen, mittels derer man das Universum, das Leben besser fassen konnte. Sie zieht sich durch

die gesamte Entwicklung des Menschen, seiner Kultur, seiner Intelligenz, seiner Wahrnehmung ... Hat es so etwas wie einen Urknall der Kunst gegeben?

– Nicht gerade einen Urknall. Man kann nicht genau sagen, wann diese Entwicklung begonnen hat. Man müßte die Wurzeln in Epochen suchen, die sehr weit zurückliegen, möglicherweise sogar vor der Besiedlung der Erde durch den *Homo sapiens*, über die André Langaney gerade gesprochen hat.

– *Wie weit müßte man zurückgehen?*

– Es ist unmöglich, die erste künstlerische Tätigkeit genau zu datieren oder den Ort zu bestimmen, an dem sie stattgefunden hat. Es ist im Grunde kein Einzelereignis, sondern eine Kette von winzig kleinen Handlungen, die sich im Dunkel der Zeit verlieren. Wenn man einen Stock nimmt, um damit eine Kokosnuß oder ein Bananenbüschel vom Baum zu schlagen, so wie es der Schimpanse macht, ist das noch keine Kunst. Eine Steinaxt herzustellen, die an beiden Seiten so zugeschlagen ist, daß ein symmetrisches Werkzeug entsteht, ein Knochenstück mit regelmäßig geriffelten Mustern zu verzieren oder unterschiedliche Muscheln und Kristalle zu sammeln – sollte das nur aus Neugier oder doch schon aus einem ästhetischen Gefühl heraus geschehen sein? Ja, das ist die Geburtsstunde der künstlerischen Empfindung.

– *Weil man dazu Phantasie haben muß?*

– So etwas erfordert zwangsläufig eine gewisse Vorstellungskraft, zunächst nur in bescheidenem Maße, aber doch schon typisch menschlich. Diese Fähigkeit unterscheidet uns grundsätzlich von den Tieren. Ich glaube, Kunst gibt es seit jenem Augenblick, in dem der Mensch die Realität so verändert hat, daß sie seiner Vorstellung entsprach. Je öfter man sich in diesem Sinne die Frage nach der Geburt der künstlerischen Empfindung stellt, um so klarer wird einem, wie alt die Kunst schon ist. Spuren von »zweckfreien« Tätigkeiten findet man bereits in der ältesten Vergangenheit, etwa vor zweihundert- bis dreihunderttausend Jahren.

SECHS GEHEIMNISVOLLE KRISTALLE

– *Zweihundert- bis dreihunderttausend Jahre? Schon so früh?*

– Ja, womöglich sogar noch früher. In Israel hat man in einer Sedimentschicht, die über 235000 Jahre alt ist, einen Stein entdeckt, dessen natürliche Form an den Umriß einer Frau erinnert. Der Stein weist winzige Spuren auf, die die Kontur des Kopfes andeuten. Kann man darin einen gezielten gestalterischen Eingriff eines Menschen erkennen? In Bilzingsleben, in der Nähe von Halle an der Saale, hat man bei Ausgrabungen an einer Stelle, an der wahrscheinlich zwischen 220000 und 350000 vor unserer Zeitrechnung der *Homo erectus* gelebt hat, Fragmente einer Rippe und eines Elefantenstoßzahns gefunden. Auf beiden Stükken fanden sich eingeritzte Strichmuster.

– *Könnte es sich dabei um die Anfänge der Mathematik handeln?*

– Meiner Meinung nach sollte man angesichts solcher 230000 Jahre alter Strichmuster seine Phantasie nicht überstrapazieren. Wahrscheinlicher ist, daß diese Striche unwillkürlich zustande gekommen sind, zufällig und unabsichtlich, ohne daß man ihnen eine besondere Bedeutung beigemessen hat. Was das

Mathematische anbetrifft, müssen wir auf den *Homo sapiens* warten, der sehr bald zählen konnte.

– Hat man noch andere Spuren aus dieser frühen Zeit gefunden?

– In Singi Talat, im indischen Rajasthan, wurden bei Ausgrabungen sechs Kristalle freigelegt, die etwa 150 000 bis 200 000 Jahre alt sein müssen und nicht aus dieser Region stammen, also offenbar dorthin importiert worden sind. Man könnte fast meinen, daß sie eine kleine Sammlung dargestellt haben. An anderen Ausgrabungsorten hat man entdeckt, daß unsere Vorfahren bereits vor mehreren Hunderttausend Jahren Ockerfarbe benutzt haben …

– Woher weiß man, daß sie diese Farbe zur künstlerischen Gestaltung verwendet haben? Sie können den Ocker doch genausogut zum Gerben der Tierhäute benutzt haben, um zu verhindern, daß sie verderben?

– Sicher, aber diejenigen, die die Felle gegerbt haben, haben bestimmt gemerkt, daß sich ihre Hände rotbraun färbten und daß sie bei der Berührung anderer Körperteile mit ihren Händen Farbspuren hinterließen. Möglicherweise haben sie den Ocker dann als Körperfarbe verwendet. Es ist jedenfalls wahrscheinlich. Aber wir werden es nie beweisen können.

– Ein paar Kerben auf einem Knochenstück, eine kleine Steinsammlung, Farbspuren … ist das nicht zu wenig, um schon von Kunst zu reden?

– Sprechen wir lieber von einer Vorstufe der Kunst. Man kann nicht wissen, ob diese Akte symbolisch gemeint waren. Wenn man jedoch Muscheln oder Steine sammelt, die ähnlich aussehen, sucht man eine gewisse Harmonie. Wenn man einen Stein findet, der sich von allen anderen unterscheidet, ist man sicher von seiner Originalität fasziniert ... Es ist durchaus legitim, darin den Beginn einer Gestaltung der Welt durch den Menschen zu sehen. Wenn ein Tier über Golderz geht, achtet es nur darauf, daß es sich die Pfoten nicht verletzt, das ist alles. Der kleine *Homo erectus* dagegen, der einen solchen Steinsplitter aufhebt, beweist damit etwas ganz anderes. Seine Neugier ist geweckt, er sieht das, was ihn umgibt, mit anderen Augen, und er entdeckt ganz plötzlich etwas, das ihm nicht alltäglich erscheint. Ja, ich glaube, darin so etwas wie den Keim des Künstlerischen entdecken zu können. Der Übergang zur wirklichen künstlerischen Gestaltung wird meiner Meinung nach jedoch erst durch unseren direkten Vorfahren verwirklicht, den heutigen Menschen.

SCHON DAMALS MEISTER

– Der heutige Mensch hat demnach schon vor etwa 35000 Jahren Techniken entwickelt, die man mit Fug und Recht als künstlerisch bezeichnen kann. Er malt, graviert, arbeitet als Bildhauer: Kurz, er schafft echte Kunstwerke. Was mag ihn wohl zu seiner ersten Zeichnung, zu seiner ersten Gravierung angeregt haben?

– Die Darstellung von Tieren muß bei der Entstehung der Kunst eine entscheidende Rolle gespielt haben. Für die Jäger der Altsteinzeit war die genaue Kenntnis der Trittspuren des Wildes und der Raubtiere lebenswichtig. Den jungen Männern das richtige Gefühl für diese Spuren beizubringen, war eines der wichtigsten Erziehungsziele. Um ihnen zu zeigen, wie das Tier aussah, dessen Trittspuren sie gefunden hatten, malten sie es zum Beispiel auf die Felswand – das ist eine der Möglichkeiten, wie die Kunst entstanden sein könnte. Es gibt sicherlich noch viele andere. Lange Zeit hat man geglaubt, daß es Jahrtausende gedauert haben muß, bis dem Menschen nach vielen vergeblichen Versuchen elegantere Darstellungen gelungen sind. Dieser Gedanke wurde jedoch durch die jüngsten Entdeckungen widerlegt.

– *Wollen Sie damit sagen, daß diese alten Darstellungen bereits Merkmale einer gewissen künstlerischen Meisterschaft aufweisen?*

– Ganz gewiß. Im schwäbischen Jura wurden mehrere Statuetten aus Mammutelfenbein gefunden, die Menschen, häufiger jedoch Tiere darstellen. Obwohl sie 35000 bis 30000 Jahre v. Chr. geschaffen wurden, sind einige von ihnen kleine Meisterwerke, die Naturalismus und Stilisierung auf eine elegante Weise in sich vereinen. Von dem Augenblick an, in dem ein Kunstverständnis aufkeimte, bedurfte es nur einer kleinen Zahl begabter Individuen, um sehr schnell erstaunliche Werke zu erschaffen.

VERGÄNGLICHE KUNST

– *Man kann sich vorstellen, daß der größte Teil der Werke dieser ersten kleinen Meister nicht lange überdauert hat.*

– Das stimmt. Wir kennen nur die, die erhalten geblieben sind, das heißt, einen verschwindend kleinen Teil der Kunstwerke dieser Epoche: Objekte aus Stein, aus Elfenbein, aus Knochen, Zeichnungen und Ritzungen an Höhlenwänden … Alles andere, Objekte aus Holz oder Ton und Körperbemalungen, ist verschwunden. Dasselbe gilt für die Gesänge, die

Tänze, die mythischen Erzählungen ... Der Kernbestand unserer ersten Kultur ist für immer verloren.

– *War sie tatsächlich so reich, wie Sie das andeuten?*

– Denken Sie einmal an die Indianerstämme, die heute am Amazonas leben und deren einzige Bildkunst darin besteht, ihre Körper zu bemalen ... Oder an die Navajos, die Bilder in den Sand malen ... Wenn die Menschen der Vorgeschichte ihre Gefühle und ihren Glauben ausschließlich auf diese Weise ausgedrückt hätten, könnten wir zu dem falschen Schluß gelangen, daß es bei ihnen überhaupt keine Kunst gegeben hat. Wir können nur sagen, daß die Menschen spätestens vor 35000 Jahren angefangen haben, Materialien zu verwenden, die unvergänglich waren.

TAUSENDE VON GRAVIERUNGEN

– *Kann man sagen, daß es in dieser Epoche zu einer regelrechten Explosion der bildenden Kunst gekommen ist?*

– Ja, das kann man. Aber die Periode der paläolithischen Kunst ist sehr lang. Sie begann vor etwa 40000 Jahren, also in der Eiszeit, in der sich der moderne Mensch in Europa niedergelassen hat, und dauerte bis ca. 10000 vor unserer Zeitrechnung, also bis zum Ende der Altsteinzeit. In diesem Zeitraum schuf man Kunstwerke in Form von Felszeichnungen und Höhlenmalereien sowie Statuetten und Skulpturen, die in der Regel Tiere, seltener auch Menschen darstellten. Und man findet immer wieder Spuren, die beweisen, wann und wo die schöpferischen Aktivitäten unserer Vorfahren besonders groß waren. Und nicht nur in Europa, wie oft behauptet wird.

– *Wo sonst noch?*

– Überall. In Afrika hat man 27000 Jahre alte bemalte Platten gefunden, und bestimmte Gravierungen aus Australien sind sogar schon 40000 Jahre alt. Ich glaube, daß man auch in China und Indien, also in Ländern, die von den Archäologen bisher nur unzureichend untersucht worden sind, eines Tages sehr alte Kunst entdecken wird. Alles weist darauf hin, daß die ersten Kunstwerke nicht Ausdruck einer einzigen Kultur oder einer bestimmten ethnischen Gruppe waren, sondern dem Wesen des *Homo sapiens*, also aller Menschen entsprechen.

– *Sozusagen ein universelles Ausdrucksmittel, das sich in allen Kontinenten findet?*

– Ja, und zwar von der Vorzeit bis in die Gegenwart. Es handelte sich zumeist um Freilichtkunst, also um Zeichnungen auf Felswänden, die der Witterung ausgesetzt sind. Vor kurzer Zeit haben auch die Portugiesen Tausende von Gravierungen auf den kleinen Kreidefelsen des Foz-Côa an den Hängen oberhalb eines Nebenflusses des Douro gefunden. Und auch dort kann man sich vorstellen, daß auf eine entdeckte Zeichnung Zehntausende kommen, die verschwunden sind. Am besten sind uns aus der Vergangenheit die Fresken erhalten geblieben, die besonders geschützt waren, vor allem in Höhlen.

GUCK MAL, PAPA, STIERE!

– *Reden wir einmal über die Höhlen. Seit man im Jahre 1940 in Lascaux die – wie man damals meinte – schönste aller Höhlen entdeckt hatte, glaubte man nicht, daß man so etwas jemals wieder finden würde. Aber dann hat man in den letzten Jahren unseres Jahrhunderts doch noch die Cosquer-Höhlen entdeckt, die unter dem Meeresspiegel in der kleinen Bucht von Cassis liegen. Dort fand man wunderschöne Tierzeichnungen, die aus der Zeit zwischen 25000 und 17000 vor unserer Zeitrechnung stammen. Außerdem entdeckte man die Höhle von Chauvet an der Ardèche mit ca. 31000 Jahre alten Höhlenmalereien. Vorher hatte man geglaubt, unser ganzer Planet sei bis in den entlegensten Winkel erforscht und man habe alle Höhlen entdeckt. Jetzt stößt man ständig auf neue Wunder. Wem verdanken wir dieses Feuerwerk?*

– Man muß sich die Vorzeit wie eine lange Kette vorstellen, von der wir nur hin und wieder ein einzelnes Glied finden. Manchmal genügt ein neuer Blickwinkel, um etwas zu entdecken. Daß wir sie heute finden, hängt nicht zuletzt auch damit zusammen, daß wir sie jetzt suchen. Denken Sie einmal an die Höhlen von Altamira. Im Jahre 1879 hatte man sich gerade mit dem Gedanken angefreundet, daß es überhaupt so etwas wie eine Kunst der Vorzeit gibt – zum Beispiel in Knochen gravierte Mammuts und Rentiere, die lange unter einer alten Erdschicht verborgen waren. Eines Tages machte ein Spanier namens Marcelino Sanz de Sautuola in der Nähe seines Hauses in Altamira Ausgrabungen. Seine kleine Tochter, die am Eingang der Höhle spielte, rief plötzlich: »Padre, hay toros!« (Papa, Stiere!) Sautuola sah genau hin und erkannte zwar keine Stiere, aber Bisons. Er hatte Phantasie und besaß den Mut, gleich zu sagen: Das stammt aus der Vorzeit.

– Ende des neunzehnten Jahrhunderts glaubte niemand, daß die Menschen der Vorzeit in der Lage gewesen seien, eine solche künstlerische Leistung zu vollbringen.

– Nein. Das ging so weit, daß die bekanntesten Experten jener Zeit Angst hatten, so etwas zu äußern, und lieber so taten, als handele es sich um eine Fälschung. Man hat sich die Menschen der Vorzeit als sehr ungeschlachte primitive Wesen vorgestellt, die nie und nimmer in der Lage gewesen sein könnten, solche Kunstwerke zu schaffen. Das widersprach einfach dem damaligen Zeitgeist. Man ist an den Schätzen vorbeigegangen, ohne sie wahrzunehmen, und fand nur das, was man bereits kannte. Man mußte zuerst eine Vorstellung von dem haben, was man zu finden hoffte. So diente zum Beispiel bis vor einigen Jahren die Höhle von Domme im Süden der Dordogne als Übungsort für die Ausbildung von Höhlenforschern. Eines Tages hielt irgend jemand seine Lampe in einem ungewöhnlichen Winkel und erkannte an der Decke die einen Meter große Skulptur eines Mammuts. Tausende sind vorher an dieser Stelle vorbeigegangen, ohne jemals etwas zu bemerken. Sie waren auf der Suche nach Gravierungen, nicht nach Skulpturen.

EIN ANDERER BLICK

– Wir betrachten inzwischen alles unter einem anderen Blickwinkel und entdecken deshalb diese Dinge?

– So ist es. Unser Blick und die uns heute zur Verfügung stehenden Methoden haben die Situation völlig verändert. Aber es gibt immer noch Vorurteile. Als man die Tierzeichnungen in der Cosquer-Unterwasserhöhle entdeckt hatte, haben sehr berühmte Kollegen deren Echtheit zunächst angezweifelt. Über unseren provençalischen Pinguin etwa riß man Witze: Eine Höhle unter Wasser? Mit Darstellungen von Seehunden und Pinguinen? Das kann doch nicht euer Ernst sein! Auch die Entdeckung der Höhlen von Lascaux hatte man mit Skepsis zur Kenntnis genommen. Wir wissen heute, daß die Cosquer-Höhle in zwei zeitlich weit auseinanderliegenden Epochen aufgesucht worden ist, vor 27000 und vor 19000 Jahren. Und die abgebildeten Meerestiere entsprechen dem, was wir von der letzten Eiszeit wissen. Was die Höhle von Chauvet anbetrifft, so hat man die zeitliche Einordnung angezweifelt. Man konnte sich einfach nicht vorstellen, daß es in einer etwa 31000 Jahre zurückliegenden Epoche bereits solche bildlichen Darstellungen gegeben hat. Aber wir haben vier übereinstimmende Daten ermitteln können, die sich auf verschiedene Tierdarstellungen beziehen.

WAS UNS EIN KLEINER ZWEIG VERRÄT

– *Bis zu welchem Grad sind solche Datierungen eigentlich verläßlich? Wie können Sie so sicher sein, wo es sich doch um Epochen handelt, die so weit zurückliegen?*

– Es gibt eben gute, altbewährte Methoden wie zum Beispiel die Radiocarbonmethode, mit der man alle tierischen und pflanzlichen Überreste untersuchen kann. Das in allen Lebewesen vorkommende radioaktive Kohlenstoffisotop C-14 zerfällt mit einer gleichbleibenden Rate, die uns bekannt ist: Nach etwa 5730 Jahren ist nur noch die Hälfte der C-14-Atome vorhanden. Wir ermitteln diesen Verlust und bestimmen so die Zeit, die seit dem Tod des Lebewesens vergangen ist. Je älter also etwas ist, um so weniger radioaktiver Kohlenstoff bleibt übrig und um so weniger genau ist dann natürlich die zeitliche Bestimmung. Was die Höhlen anbetrifft, so kommen uns andere wissenschaftliche Disziplinen zur Hilfe. Und aus allem können wir unsere Schlüsse ziehen.

– *Woraus zum Beispiel?*

– Aus Überresten eines Feuers oder aus einem kleinen Zweig, der möglicherweise einmal als Pinsel gedient hat. Man registriert dabei den kleinsten Strich, den winzigsten Punkt. Man überprüft den Zustand der Höhlenwände, um den Verwitterungsgrad festzuhalten. Fehlt der Kopf eines Bisons? Wir rufen Spezialisten zur Hilfe, die sich mit dem Höhlenklima auskennen und die Erosionsgeschwindigkeit abschätzen können. Man macht Infrarotaufnahmen oder verwendet ultraviolettes Licht, um das unsichtbare Ende einer Linie erkennen zu können … Auch die Pigmente selbst werden sorgfältig analysiert. Um eine solche Untersuchung durchzuführen, reicht eine Probe von der Größe eines Stecknadelkopfes, so daß die Zeichnung als Ganzes nicht beschädigt werden muß. Schon ein Milligramm Holzkohle genügt, um eine Datierung vorzunehmen, und zwar mit einem Teilchenbeschleuniger, der eine sehr genaue zeitliche Einordnung ermöglicht. Noch vor fünfundzwanzig Jahren brauchten wir 5000 mal so viel Material. Vielleicht wird man eines Tages sogar DNS-Fossilien finden, so wie es André Langaney prophezeit hat.

– *Aber was hat das mit den Höhlen zu tun?*

– Nehmen wir einmal an, ein Maler hat auf sein Bild gespuckt, dann könnte man dort noch einige seiner Zellen finden – das wäre einfach phantastisch …

INS RECHTE LICHT GERÜCKT

– Träumen kann man immer ... War unseren Vorfahren vor 31000 Jahren eigentlich schon bewußt, daß sie etwas für die Ewigkeit schufen?

– Wir wissen nicht, ob sie das absichtlich getan haben. Die Gravierungen sind möglicherweise einzig und allein deshalb am weitesten verbreitet, weil sie sich am besten konserviert haben. Unsere Vorfahren haben die Eigenschaften verschiedener Felsarten ausgenützt und auf diese Weise eine Vielfalt von Kunstwerken geschaffen: Man findet feine und tiefe Gravierungen, Bilder, die mit Kratzern und Meißeln geschaffen wurden, ja sogar Zeichnungen, die mit den Fingern in eine weiche Schicht gemalt worden sind, die damals den Stein bedeckt hat – so wie Kinder auf den schmutzigen Scheiben eines Autos malen. In manchen Höhlen sind die Felswände und Gewölbe über und über mit diesen Fingerspuren bedeckt. Feine Gravierungen, bei denen der Künstler mit einem harten, spitzen Gegenstand – oft mit einem Feuerstein – gearbeitet hat, sind schwieriger zu finden. Häufig hat er das bei der Arbeit entstehende Gesteinsmehl in die feinen Rillen gerieben, so daß sich die Linien weiß abzeichneten. Nach einigen hundert oder tausend Jahren hat die Gravierung dann eine Patina angesetzt und ist schließlich von der Oberfläche, in die sie geritzt ist, kaum mehr zu unterscheiden. Um sie wieder sichtbar zu machen, müssen wir flach einfallendes Licht einsetzen, damit das Ganze Reliefcharakter bekommt.

– Trotzdem sind das die eindrucksvollsten Bilder. Wenn man zu den Privilegierten gehört, die die Höhle von Lascaux be-

treten dürfen, ist man überwältigt und von der erstaunlichen Frische und Schönheit der Darstellungen in Bann geschlagen. Die 17000 Jahre alten Ornamente der Fresken strahlen immer noch in leuchtendem Ocker.

– Die Malereien von Lascaux sind gut erhalten, und die Anlage ist seit Jahren für den Publikumsverkehr gesperrt. Die Bilder der Cosquer-Höhle werden durch das Meer geschützt. Diese beiden Höhlen enthalten die wohl spektakulärsten aller uns bekannten Felsmalereien. Sie zeugen von einer erstaunlichen künstlerischen Reife. Schon damals, vor 30000 bis 35000 Jahren, kannten unsere Vorfahren alle Techniken. Sie haben sich die natürlichen Konturen des Steins zunutze gemacht, um die Bilder plastisch wirken zu lassen. Und sie wußten genau, wie man räumliche Tiefe in zwei Dimensionen ausdrückt. Das kann man besonders gut in Chauvet erkennen. In Lascaux hat man ein paar Jahrtausende später Gerüste gebaut, um auch die Decken bemalen zu können – die Löcher, an denen sie befestigt waren, sind noch heute zu sehen.

– Heißt das, daß sie schon damals die Perspektive erfunden haben?

– Richtig. Die Technik ist genau zu erkennen, sie haben nichts dem Zufall überlassen.

SCHON DAMALS ÖLGEMÄLDE!

– Wie haben sie ihre Farben hergestellt? Gelb, schwarz und rot scheinen zu dominieren …

– Sie haben ganz einfach Mineralien gesammelt. Ocker ist ein Gemisch aus Brauneisenstein, Ton,

Quarz und Kalk. Schwarze Farbe läßt sich aus Mangandioxid oder Holzkohle erzeugen, Rötel ist Roteisenstein in Ton oder Kreide. Sie haben mit den Steinen gemalt wie wir mit Farbstiften. Heute fällt es uns schwer, die Zeichnungen von den Gemälden zu unterscheiden; man muß sie wirklich gründlich untersuchen, um den Unterschied feststellen zu können.

– *Und wie sind die Gemälde zustande gekommen?*

– Die Tiere von Lascaux sind durch Aufstäuben des Farbpulvers – entweder direkt mit dem Mund oder durch einen Röhrenknochen – erzeugt worden. Man nennt diese Technik »Pochoir«. Man erzielt auf diese Weise einen sehr interessanten Schleiereffekt. Die Farben wurden wahrscheinlich auch mit dem Finger oder mit einem Pinsel aus Pferde- oder anderen Haaren aufgetragen. Diese Werkzeuge sind zwar nicht erhalten, aber wenn man die einzelnen Striche unter der Lupe betrachtet, kann man ihre Spuren deutlich erkennen. Darüber hinaus haben wir Pigmentspuren auf Steinen und Felswänden gefunden, die darauf schließen lassen, daß man sie als Palette verwendet hat.

– *Sie hatten offenbar alles, was ein Maler braucht ... Aber wie konnten sie aus Steinen eine Farbe herstellen, die sich mit dem Pinsel auftragen ließ?*

– Sie haben den Stein zu Pulver zermahlen und anschließend ein Bindemittel hinzugefügt. Man geht davon aus, daß sie Wasser als Flüssigkeit verwendet haben, aber davon ist natürlich nichts übriggeblieben. Es könnte theoretisch auch Urin, Eiweiß oder Blut gewesen sein, Mittel, die auch von den australischen Aborigines benutzt werden. Bis zum heutigen

Tag haben wir diese Art Bindemittel in den europäischen Höhlen noch nicht nachweisen können. Dank der sehr aufwendigen Analysen, die man in den Höhlen der Pyrenäen durchgeführt hat, in Fontanet und Trois-Frères, wissen wir aber heute, daß manche Künstler vor etwa 14000 Jahren ein Bindemittel auf der Grundlage von Pflanzenöl oder Tierfett verwendet haben.

– *Also schon damals Ölgemälde!*

– Genau wie die modernen Maler haben die Steinzeitmenschen bei ihrer Arbeit alle möglichen Rezepturen ausprobiert. Sie haben den Farben zum Beispiel Füllstoffe beigemengt, Verschnittmittel, die einen sparsameren Pigmentverbrauch gewährleisten und die Farbe elastischer machen, so daß beim Trocknen keine Risse entstehen. Belege für solche Beimengungen finden sich in bestimmten Höhlen der Pyrenäen. Der Füllstoff kann bis zu dreißig Prozent des Farbvolumens ausmachen und besteht aus einem Mineral, das in der Gegend vorkommt.

– *Also schon die Steinzeitmaler haben das alles erfunden!*

– Ich kann mir kaum vorstellen, daß man diese Techniken heutzutage noch weiter verbessern könnte. Die Geschichte der Kunst, die damals mit einer solchen Vollkommenheit begonnen hat, ist zu keiner Zeit linear verlaufen. Sicher wurden einige dieser Techniken später noch einmal erfunden, dann vergessen und wiederum erfunden. Und die Künstler, die in den darauffolgenden Jahren gelebt haben, wußten wahrscheinlich genau, daß sie oft nur die Geheimnisse ihrer Vorfahren wiederentdeckt haben.

2. Szene: Die Welt des Geistes

Geheimnisvolle Pferde und Bisons, mit ein paar Strichen skizzierte Figuren … Sie malen, bildhauern, gravieren und hinterlassen uns Höhlen voller schöner Dinge.

LICHT UND SCHATTEN

– Unsere Vorfahren haben sich in Höhlen zurückgezogen, um sich dort ihrer geheimnisvollen Kunst zu widmen. Wir wollen ihnen einmal folgen. Die Wege sind lang, doch es lohnt sich: Man muß gut einen Kilometer tief in die unterirdischen Stollen eindringen und ein abschüssiges Labyrinth durchqueren, bevor sich im Strahl der Taschenlampe die Bisons und Pferde der Urzeit zu erkennen geben, mit denen der sogenannte »schwarze Salon« der Höhle von Niaux in der Ariège ausgeschmückt ist. Haben die Menschen der Vorzeit zuerst unter den Felsvorsprüngen Schutz gesucht, bevor sie sich nach und nach tiefer ins Innere der Höhlen vorwagten?

– Nein, die Künstler arbeiteten sich nicht schrittweise immer weiter ins Innere vor, sondern es hat gleichzeitig Kunst im hellen Tageslicht und in der Dunkelheit der Höhlen gegeben. Aus der Zeit zwischen 33000 und 18000 v. Chr. kennen wir etwa gleich viele Kunststätten aus beiden Sphären. Erst in jüngerer Zeit herrschte die Höhlenkunst vor. Die Felsmalerei ist mit Sicherheit universell, aber wie der große Prähistoriker André Leroi-Gourhan gesagt hat, sind die Kunstwerke, die man in der Tiefe der Höhlen gefunden hat, einmalig in der Geschichte der Menschheit. Sie entstanden fast ausschließlich im altsteinzeitlichen Europa. Man hat in Mittelamerika, Australien und in den Vereinigten Staaten einige wenige Ausnahmen gefunden, in Afrika dagegen keine einzige. Höhlenmalerei ist eine kulturelle Eigenheit, die auf einen ganz besonderen Geisteszustand schließen läßt.

– *Und was ist daran so besonders?*

– Während der langen Zeit von 35000 bis 10000 vor unserer Zeitrechnung findet man eine erstaunliche Einheitlichkeit der angewandten Techniken und der Themen. 25000 Jahre lang dieselbe künstlerische Tradition. Wir kennen in Europa lediglich 350 bemalte Höhlen, das ist wahrhaftig nicht viel. Aber in allen – vom Ural bis nach Andalusien – findet man denselben Stil, die gleichen Motive. Die Bilder ähneln sich, obwohl die Fundorte mehrere tausend Kilometer voneinander entfernt sind. Es gibt natürlich auch in der Höhlenkunst eine gewisse Vielfalt. Aber das Gemeinsame überwiegt, das ist unbestritten. Wenn man sich zum Beispiel ein Fresko in der Höhle von Chauvet ansieht, das 30000 Jahre alt ist, und es mit einem aus den Höhlen von Niaux von vor 13000 Jahren vergleicht, muß man sich schon sehr anstrengen, um überhaupt einen Unterschied zu entdecken. Aber man erkennt in jedem Fall sofort, daß es sich um prähistorische Kunst handelt …

PORTRÄT DES KÜNSTLERS

– *… die von wahren Künstlern geschaffen wurde. Wer waren sie eigentlich?*

– Es waren die Jäger und Sammler, von denen André Langaney gesprochen hat. Sie haben Lachse und Forellen aus den Flüssen gefischt und vor allem die große Fauna bejagt: Pferde, Bisons, Rentiere, aber auch Steinböcke und Auerochsen. Ihre Frauen haben wildwachsende Früchte gepflückt, Wurzeln und Pilze gesammelt, die den größten Teil ihrer Nahrung ausmachten ... Und sie lebten halbnomadisch, das heißt, sie blieben ein paar Monate an einem Ort, und wenn sie dort alles abgeerntet hatten, zogen sie weiter, zum Beispiel in ein Gebiet, durch das die Rentiere auf ihren Wanderungen wechselten. Wir dürfen nicht vergessen, daß es in dieser Zeit noch sehr kalt gewesen ist: Es war die letzte Eiszeit, und Südfrankreich ähnelte klimatisch in etwa dem heutigen Schweden.

– *Sie waren also noch Wilde, lebten in der freien Natur bei Tieren.*

– Ja, wenn man so will. Aber sie hatten zweifellos bestimmte Fähigkeiten, die wir heute nicht mehr besitzen. Folgen wir einmal ein paar Afrikanern, die durch den Busch ziehen und einer Fährte nachspüren. Wir sehen nichts außer ein paar verwischten Spuren im Sand, das ist alles. Sie dagegen können uns genau sagen, daß hier vor einer halben Stunde eine Gazelle entlanggelaufen ist, die soundso viel wiegt und auf dem linken Hinterlauf hinkt ... und sie täuschen sich nicht. Auch unsere Vorfahren besaßen diese scharfe Beobachtungsgabe.

– *Sie lebten in Horden?*

– Wahrscheinlich waren es Gruppen von etwa zwanzig Personen. Eine einzelne Familie, also nur Eltern und mehrere Kinder, hätte nicht überleben können, wenn einem der Erwachsenen etwas passiert wäre. Auf der anderen Seite wäre es unmöglich gewesen, jeden Tag Hunderte von Leuten satt zu bekommen ... In kleineren Gruppen ließen sich die Aufgaben gut verteilen: Die einen sammelten und pflückten, die anderen jagten, wieder andere nahmen die erlegten Tiere aus, bereiteten die Mahlzeiten zu und stellten die Kleidung und die Werkzeuge her. In dieser kleinen Gesellschaft waren alle ziemlich gleichberechtigt.

– *Und sie standen mit anderen Gruppen in Verbindung und tauschten ihre Erfahrungen hinsichtlich der Techniken aus?*

– Den Ergebnissen der vergleichenden Ethnologie zufolge war das so. Die einzelnen Gemeinschaften, die zig Kilometer voneinander getrennt lebten, versammelten sich in regelmäßigen Abständen. Bei solchen Gelegenheiten vertieften sich die Bindungen zwischen den Gruppen, Männer und Frauen knüpften Beziehungen an, man tauschte Nahrungsmittel und Gegenstände aus ... In Mas d'Azil haben wir Muschelschalen gefunden, die aus dem dreihundert Kilometer entfernten Atlantik stammen. Unsere Vorfahren sind also gewandert, haben sich mit anderen getroffen und ihre Techniken, ihre Ideen, ihre Mythen und ihre Kunst ausgetauscht.

WEDER TÄNZER NOCH STERNE

– *Steigen wir also in die geheimnisvollen Höhlen hinab, folgen wir den Spuren unserer Vorfahren ins Dunkel bis zu den Felswänden, auf denen sie uns ihre Malereien und Gravierungen hinterlassen haben. Unsere Lampe strahlt sie an, und in dem schwachen Licht sieht es plötzlich so aus, als seien sie lebendig: der riesige Auerochse, die Kühe und Stiere, die Pferde mit den schwarzen Mähnen, die fein gezeichneten Hirsche, die mächtigen Bisons ... überall die gleichen Tiere, in Lascaux wie in allen anderen Höhlen.*

– In den meisten Fällen sind es Darstellungen von großen Pflanzenfressern, an die wir uns besonders erinnern können. Aber man findet in den Höhlen auch viele geheimnisvolle Zeichen und einige Skizzen von menschlichen Wesen. Wir müssen uns jedoch zunächst einmal darüber klarwerden, was wir auf den unterirdischen Fresken nicht finden.

– *Was meinen Sie damit?*

– Die Künstler haben nie die Sonne, den Mond, die Wolken oder die Sterne gemalt. Auch die Flora wurde ignoriert: Es gibt keine Bäume, keine Darstellungen anderer Pflanzen, ebenso fehlen Landschaften, Hütten und Häuser. Auch Szenen mit tanzenden oder musizierenden Gruppen oder Menschen, die ein Mahl zubereiten, sucht man vergeblich. Das Alltägliche fehlt. Unsere Vorfahren haben sich offensichtlich nicht ins Dunkel der Höhlen zurückgezogen, um ihren Alltag darzustellen. Zumindest hier klammerten sie diesen Bereich völlig aus. Ganz offensichtlich hatte diese Kunst eine andere Bedeutung.

TIERE

– *Sie haben aber die Tiere dargestellt, die in ihrer Region lebten.*

– Natürlich variiert die Auswahl der Themen zum Teil von Ort zu Ort und wird mitunter durch die Umwelt beeinflußt. Ein Beispiel ist die Darstellung der Meerestiere in der Cosquer-Höhle. In Chauvet hat man vor allem Darstellungen seltener und gefährlicher Tiere gefunden: Nashörner, Raubkatzen, Mammuts und Bären ... Man stellte also nicht unbedingt einen Querschnitt der vorhandenen Fauna dar, sondern beschränkte sich auf eine bestimmte Auswahl. Füchse, Wölfe, Kaninchen und Hasen, von denen man in den alten Erdschichten zahlreiche Überreste gefunden hat, werden selten abgebildet. Dasselbe gilt für Vögel, Fische, Schlangen, Fischotter, Vielfraße, Wiesel und Marder. Auch Insekten sucht man vergeblich. Pferde, Bisons und Steinböcke wurden dagegen im Überfluß dargestellt. Das läßt auf eine bewußte Auswahl schließen.

– *In jedem Fall wirken die Tiere nach all den Jahrtausenden außerordentlich lebendig, so als wären sie auf dem Sprung. Wie ist es den Künstlern gelungen, sie so naturgetreu darzustellen?*

– Die Pferde, Bisons oder Mammuts, die abgebildet wurden, sind keine Abstraktionen, sondern ganz bestimmte Tiere, bei denen man oft sogar Alter, Geschlecht und Körperhaltung erkennen kann. Wenn man die Details beachtet, kann man zum Beispiel genau sagen, daß es sich um einen männlichen, alten Bison handelt, der unzufrieden mit den Hufen scharrt.

– *Woher wollen Sie das so genau wissen?*

– Die Archäologie ist nicht nur den Archäologen vorbehalten. Wir lassen uns von anderen Experten beraten, zum Beispiel auch von Künstlern ... Und ein Verhaltensforscher, der sich intensiv mit europäischen Bisons beschäftigt hat, die mehr oder weniger in Freiheit lebten, hat mir zum Beispiel erklärt, wie man diese Tiere im Hinblick auf ihr Geschlecht und

Alter voneinander unterscheiden kann. Er hat mir außerdem gezeigt, wie man herausfinden kann, bei welchen Darstellungen die Künstler eine Perspektive von oben und direkt von vorn gewählt haben. Das Tier streckt die Beine steif von sich: Früher glaubten wir, das seien Profildarstellungen. In Wirklichkeit handelt es sich hier um tote Bisons, die die typische Leichenstarre zeigen, die kurz nach dem Erlegen eintritt. Es gibt mit Sicherheit noch eine Vielzahl von Codes, die wir bisher nicht entschlüsseln konnten.

MÄNNER …

– *Und warum sind Menschendarstellungen so selten?*

– Wir haben in allen Höhlen zusammen etwa einhundert gefunden, was sehr wenig ist, wenn man sie mit der Zahl der Tierdarstellungen vergleicht. Wir kennen nur etwa zwanzig vollständige Ansichten von Menschen. Möglicherweise fühlten sich unsere Vorfahren in einer Welt, in der es Tiere im Überfluß gab, sehr isoliert. Sie haben sich womöglich selbst als Tiere gesehen, als »andere« Tiere.

– *Die wenigen Menschen, deren Darstellungen wir in Höhlen gefunden haben, sind vor allem als Silhouetten gezeichnet, nur in Umrissen angedeutet …*

– Sie sind bei weitem nicht so realistisch dargestellt wie die Tiere. In den meisten Fällen kann man nicht einmal erkennen, ob es sich um einen Mann oder um eine Frau handelt, sie sind stark stilisiert gezeichnet, eher wie Karikaturen. Sie sind bewußt allgemein gehalten, man hat weitgehend auf Einzelheiten verzichtet. Die Künstler wollten keine konkrete

Person darstellen, die man hätte erkennen können. Das kann eigentlich nur Absicht gewesen sein, denn an den Tierdarstellungen erkennt man, wie realistisch sie malen konnten. Das hängt zweifellos mit der Macht zusammen, die man Bildern zugeschrieben hat, die in vielen Zivilisationen als Äquivalent der Realität gelten.

– Es gibt kaum ein Bild oder eine Gravierung, auf denen Gewalt gegen Menschen dargestellt wird …

– Wir kennen nur drei Ausnahmen: Sie befinden sich in Pech-Merle, Cougnac und der Cosquer-Höhle. Dort sind Menschen dargestellt, die über und über mit Strichen bedeckt sind. Wer hat sie getötet? Sollen es wirklich Menschen sein oder womöglich Geister? Die Zeichnungen sind linkisch und bewußt symbolisch gehalten. Lange Zeit hat man die Linien, mit denen der Körper übermalt ist, als Ausdruck der Lebenskräfte gedeutet. Aber der »Ermordete« in der Cosquer-Höhle läßt nur eine Deutung zu: Er ist mit einer Waffe getötet worden. Handelt es sich vielleicht um ein ähnliches Motiv wie die christlichen Kreuzigungsbilder? Oder soll es ein magisches Symbol der Zerstörungskraft eines Zaubers sein? Eines ist jedenfalls sicher: Die Idee des Totschlags oder einer Hinrichtung ist klar zu erkennen. Die Hypothese, daß die Nomaden vorsätzliche Gewalt noch nicht kannten, weil sie erst in der Neusteinzeit im Zusammenhang mit dem Eigentum aufgetaucht sei, muß also revidiert werden.

– Und der Krieg?

– Er existierte nicht in dem Sinne, wie wir ihn heute kennen, das heißt, daß man solange gegeneinander kämpft, bis eine von beiden Kriegsparteien praktisch ausgerottet ist. Wir dürfen nicht vergessen, daß die Welt der Vorzeit dünn bevölkert war. Die einzelnen Gruppierungen lebten weit voneinander entfernt in unterschiedlichen Ökosystemen, und man kannte damals noch kein Eigentum in Form von Grund und Boden. Wirkliche Kriege hätten Spuren hinterlassen, und wir haben keine gefunden. Aber Scharmützel, Verbrechen, warum nicht? Das entspricht der menschlichen Natur. Den Steinzeitmenschen dürften Eifersucht, Habgier und Streit nicht fremd gewesen sein.

… UND FRAUEN

– Abgesehen von vollständigen, wenn auch abstrakten Menschendarstellungen findet man in den Höhlen Abbildungen von Körperteilen: einzelne Arme und Köpfe …

– Auch in diesen Fällen kann man nicht sagen, ob diese Köpfe, die oft kahl sind und wie Karikaturen wirken – manche haben eine riesige Nase –, männlich oder weiblich sind. Wir haben darüber hinaus Darstellungen anderer Körperteile gefunden, vornehmlich Geschlechtsteile. In der Cosquer-Höhle befindet sich die Abbildung eines männlichen Genitals. Im allgemeinen handelt es sich jedoch um weibliche Geschlechtsteile.

– Symbole der Weiblichkeit und Fruchtbarkeit?

– Wahrscheinlich hat man die gesamte Höhle als weibliches Wesen wahrgenommen. Die symbolische Bedeutung ist offensichtlich: Die Höhle als Spalt im Bauch der Erde … Diese Spalten spielen in der Höhlenkunst eine entscheidende Rolle; sie beschwören vermutlich die animalischen Zeugungskräfte. Eine weibliche Höhle, weibliche Felswände ... Es spricht viel für diese Deutung, denn die Symbolik ist universell.

– *Die Höhle symbolisiert also in gewisser Weise die Mutterschaft?*

– Möglicherweise, aber in einem weiteren Sinne: die Mutterschaft der Erde. Wir finden nirgendwo Darstellungen von schwangeren Frauen oder von Geburten.

– *War den Menschen dieser Zeit der Zusammenhang zwischen dem Geschlechtsakt und der Mutterschaft bewußt?*

– Das kann man nicht sagen. In der Ethnologie kennen wir Stämme, denen dieser Zusammenhang nicht klar war, und andere, die sich in etwa auf derselben kulturellen Entwicklungsstufe befanden, für die das selbstverständlich war.

GEHEIMNISVOLLE HÄNDE

– *Es gibt jedoch in den Höhlen auch seltsame Zeichen, vor allem jene berühmten Hände, die wie rätselhafte Signaturen des Künstlers auf den Felswänden verewigt sind.*

– Sie haben den Archäologen oft den Weg gewiesen. Als Henri Cosquer seine Höhle unter dem Meer entdeckte, wurde sein Interesse zuerst durch diese Zeichen geweckt. Unsere Vorfahren haben ihre mit Farbe beschmierten Hände an die Felswände gedrückt und so das geschaffen, was wir heute eine »positive Hand« nennen. »Negative Hände« kamen zustande, indem sie ihre Hände an die Felswand legten und dann in der Schablonentechnik Farbpulver aufstäubten. Die Umrisse der Finger waren dann als Negativ auf der Felswand zu erkennen.

– *Welche Bedeutung könnte dieser Unterschied haben?*

– Der Effekt dieser Hände – positiv oder negativ – dürfte wohl identisch gewesen sein; oft findet man beide Arten nebeneinander in derselben Höhle. Die Methode ist ziemlich weit verbreitet. Zu allen Zeiten haben die Menschen ihre Hände auf diese Weise auf Felswänden abgebildet. Die australischen Aborigines machen es noch heute so. Man findet solche Darstellungen auch in Südamerika in Höhlen, in denen Initiationsrituale stattgefunden haben. In sehr tiefen Höhlen sollten sie wahrscheinlich den Kontakt mit den Geistern ermöglichen, die hinter den Felswänden wohnten. Wir werden später noch einmal darauf zurückkommen.

– *An den Wänden der Cosquer-Höhle, die bei Marseille unter dem Meeresspiegel liegt, und in der Höhle von Gargas in den Pyrenäen findet man ebenfalls Hände, bei denen jedoch die Finger unvollständig sind.*

– In diesen beiden Höhlen weisen über zwei Drittel der Hände diese Merkmale auf. Manche von ihnen sind offenbar absichtlich verstümmelt worden, möglicherweise als Zeichen der Trauer oder um einem Ritual Genüge zu tun.

– *Bei den Jägern der Vorzeit, die tagtäglich Waffen in den Händen halten mußten, wundert man sich doch, daß sie sich auf diese Weise verstümmelt haben sollen.*

– Genau. Das ist auch der Grund, warum andere Forscher davon ausgehen, daß diese verkürzten Finger das Ergebnis von Nekrosen sind, wie sie nach schweren Erfrierungen oder bestimmten Krankheiten auftreten. Aber man findet keine Erklärung, warum immer die gleichen Finger verschont blieben. Und warum offenbar sowohl die Menschen in der Cosquer-Höhle als auch die im vierhundert Kilometer entfernten Gargas das Bedürfnis hatten, ihre verstümmelten Hände auf den Höhlenwänden abzubilden. Außerdem hat man kein einziges Skelett aus dieser Periode mit derartigen Verstümmelungen gefunden. Bleibt nur noch eine Hypothese übrig, die André Leroi-Gourhan bereits einmal angeboten hat: Es handelt sich um Hände, bei denen bestimmte Finger gebeugt sind, die also einen Code darstellen, mit dem eine Botschaft übermittelt werden sollte, die vermutlich etwas mit der Jagd zu tun hatte.

– *Eine Art Zeichensprache, um das Wild nicht zu verscheuchen?*

– Das ist durchaus möglich. Vielleicht wollte man mit diesen Zeichen aber auch Geschichten erzählen, die etwas mit der Initiation zu tun hatten. Wir wissen es nicht.

DIE HIEROGLYPHEN DER VORGESCHICHTE

– Und die anderen Zeichen, diese Punkte und Striche, mit denen die Höhlenwände oft bedeckt sind … Sie sind weniger spektakulär als die Fresken, und deshalb neigt man dazu, sie zu vergessen.

– Ja, es gibt jedoch außerordentlich viele von ihnen. Allein in der Höhle von Chauvet hat man auf einer einzigen Wand hundertzwanzig rote Punkte gezählt. In der Kunst der Vorzeit, die sich über 20000 Jahre erstreckt hat, stellen diese Zeichen eine eindrucksvolle Konstante dar. Manchmal finden sie sich neben figürlichen Darstellungen, dann wieder am Eingang oder im hinteren Teil einer Höhle ...

– *Andere Zeichen erscheinen bedeutend komplexer als diese Striche oder Ansammlungen von roten Punkten.*

– Bestimmte Zeichen sind tatsächlich komplexer. Es gibt welche, die wie Noten aussehen, also senkrechte Striche mit einer kleinen Kugel oben rechts oder links. Außerdem Zeichen in Form eines Daches, gestreifte Rechtecke, Dreiecke, Ellipsen, Pfeile mit Widerhaken und einfache Haken ...

– *Könnte es sich dabei um den Entwurf eines Kommunikationsmittels, womöglich um eine Schrift handeln, oder ist das zu weit hergeholt?*

– André Leroi-Gourhan hält sie eher für »Mythogramme«, also Ideensysteme. Alle folgen demselben Prinzip, aber die Assoziationen scheinen immer wieder andere zu sein. Es gibt dabei kaum Konstanten, die Zeichen wiederholen sich so gut wie nie, was man bei einer Schrift erwarten würde ... Man kann deshalb davon ausgehen, daß nicht alle zu ein und demselben System gehören. Und wir werden sie nie lesen können, das unterscheidet sie von den Hieroglyphen.

– *Man darf die Hoffnung nicht aufgeben ... Diese hochentwickelten Menschen, diese wahren Künstler besitzen eine komplizierte gesprochene Sprache und sind in der Lage, sich in graphischen Darstellungen auszudrücken. Warum haben sie dann keine Schrift?*

– Auch andere Kulturen funktionieren nach demselben Prinzip. Die schriftliche Kommunikation war sicherlich eine Reaktion auf bestimmte ökonomische Zwänge. Sie setzte voraus, daß es zwischen den einzelnen Stämmen ein Netz von kommerziellen Beziehungen gab. Zu dieser Zeit bestand für die Gesellschaft der Jäger und Sammler einfach noch nicht die Notwendigkeit einer Schrift.

– Bestimmte Motive sind offenbar nicht sehr sorgfältig ausgearbeitet worden. Sie vermitteln keinen geordneten Eindruck …

– Kleckse, sich kreuzende Linien und hingekritzelte Bänder finden wir in allen Epochen der Altsteinzeit. Diese Allgegenwart läßt ein wichtiges Anliegen vermuten. Wenn Wände und Decken einer Höhle mit Tausenden von Fingerspuren bedeckt sind, kann man sich vorstellen, daß der Mensch auf diese Weise zum Ausdruck bringen wollte, daß er sich den unterirdischen Raum zu eigen gemacht hat. Er möchte sich damit alle ihm zugänglichen Oberflächen aneignen oder aber Beziehungen zu den Mächten aufnehmen, die sich dort befinden.

DIE MAGIE DES ABBÉ

– Verlassen wir die Höhle und setzen wir uns einen Augenblick. In ihrer sehr langen Geschichte haben sich unsere Vorfahren, die Jäger und Sammler, ins Dunkel der Höhlen zurückgezogen, um dort ihrer Kreativität Ausdruck zu verleihen. Welche Erklärung gibt es für solche außergewöhnlichen Tätigkeiten? Als man Ende des letzten Jahrhunderts die ersten Höhlen entdeckt hatte, betrachtete man sie als etwas Zweckfreies ohne besondere Bedeutung. Man war der Meinung, der »gute Wilde«, der ja kaum zu arbeiten brauchte, habe sich in seiner Freizeit mit Kunst beschäftigt …

– Die Art und Weise, wie man die Höhlen betrachtet hat, spiegelt den Geist der Zeit wider. Das neunzehnte Jahrhundert war noch stark von Rousseau beeinflußt. Damals stellte man sich die Vorzeit als Goldenes Zeitalter vor. Die Wissenschaftler von damals, Freigeister, die gegen die Kirche gekämpft haben, waren nicht bereit, ihren Vorfahren religiöse Motive zuzugestehen.

– *Sie haben diese Vorurteile revidieren müssen.*

– Ja. Anfang des Jahrhunderts hat man begriffen, daß unsere Ahnen aus der Altsteinzeit, allein in einer feindseligen Welt, um ihr Überleben kämpfen mußten. Für diesen Kampf haben sie vermutlich die Unterstützung einer höheren Macht erfleht. Von daher stammt der Gedanke, daß die Höhlenmalereien mehr sind als bloße Kunst, nämlich Beschwörungsrituale. Diese Hypothese des berühmten Abbé Breuil, der in zahlreichen Höhlen die Felsmalereien auf ihre Echtheit überprüft hat, hat fünfzig Jahre lang Gültigkeit gehabt.

– *Glaubte man damals, daß jedes Bild, jede Gravierung ein Jagdritual repräsentiert?*

– Genau. Diese Lehrmeinung basierte auf oft ziemlich voreilig angestellten ethnologischen Vergleichen. Es geht dabei um drei Bereiche: Jagd, Fruchtbarkeit und Zerstörung. Zur Beschwörung einer erfolgreichen Jagd, so erklärte man, zog sich der Magier in die Höhle zurück und malte einen Bison, der von einem Pfeil durchbohrt wird. Indem er die weiblichen Tiere mit einem dicken Bauch malte, wollte er die Vermehrung des Wildes sichern. Und wenn er ein gefährliches Tier malte, wie zum Beispiel den Löwen, den wir in vielen Höhlen finden, und das Bild anschließend mit einem Stein zerkratzte, tat er das, um ihn zu bannen und zu zerstören.

– Die Darstellung der Tiere diente dazu, ihnen entweder das Leben oder den Tod zu bringen, also Macht über sie zu gewinnen?

– Exakt. Aber die Interpretationen des Abbé Breuil sind nicht ganz stimmig. Daß die Darstellungen einerseits der Vernichtung, andererseits der Vermehrung der Tiere gedient haben sollen, ist nicht sehr logisch und als Erklärung nicht befriedigend.

– Wie hat der Abbé denn die vielen anderen Zeichen gedeutet, die man in den Höhlen gefunden hat?

– Er hat sie alle als Aspekte des Jagdzaubers gesehen. Die Zeichen in Form einer Note waren für ihn Keulen, die senkrechten Striche Wurfspieße. Ein roter Punkt auf einem Bison stellt eine Verletzung dar. Kreisförmig angeordnete rote Punkte neben einem Bison, mit einem Punkt in der Mitte, so wie man sie in Niaux gefunden hat, sollen die Jäger symbolisieren, die das Tier töteten. Dagegen drücken seiner Meinung nach zwei gleich große, nebeneinander stehende Punkte etwas völlig anderes aus. Den gekreuzten Linien und Fingerspuren maß Abbé Breuil keine Bedeutung zu: Er sah in ihnen nichts als zufällige Kratzer.

DER DUALISMUS DER GESCHLECHTER

– Und dann ändert sich die Sichtweise, denn jetzt kommt der Prähistoriker André Leroi-Gourhan zu Wort, jener berühmte Spezialist für die Kunst der Steinzeit, der nichts übersieht. Er setzt auf die Methode der systematischen Untersuchung. Mit Bienenfleiß müssen die Forscher jeden Quadratzentimeter Boden inventarisieren; auf dem Bauch liegend, sollen sie jede Erd-

schicht analysieren, als blätterten sie in einer Chronik. Wenn man die Höhlen mit seinen Augen sieht, bekommt man ein ganz anderes Bild.

– André Leroi-Gourhan hat aufgelistet, wie sich die einzelnen Tiere prozentual verteilen, wo sie sich befinden und wie die Darstellungen und Zeichen angeordnet sind. Er hat Analogien und gemeinsame Strukturen gesucht. Und er hat schließlich eine völlig neue Hypothese aufgestellt: Die magischen Künstler hätten ihre Höhlenmalereien nach Geschlechtern geordnet. Und die Auswahl der Tiere entspreche diesem Dualismus: Der Bison sei weiblich, das Pferd männlich. Und die Zeichen bewegten sich zwischen diesen beiden Kategorien. Die einfachen Zeichen – Punkte und Striche – seien männlich, die hohlen Formen – also Kreise, Rechtecke und Quadrate – weiblich. Aber diese Theorie hat kaum überzeugen können.

– Trotzdem hat man beim Besuch vieler Höhlen das Gefühl eines Konzepts, einer gedanklichen Organisation; man spürt etwas, das über den künstlerischen Affekt hinausgeht.

– Die ausgestalteten Höhlen sind nicht nur einfache Behausungen für Bilder, die man mehr oder weniger zufällig an die Wände gemalt hat. Sicher können verschiedene Ansätze in derselben Höhle nebeneinander bestehen oder aufeinander folgen. Aber trotz der Vielfalt läßt sich nicht bestreiten, daß diese Kunst eine gewisse Einheit aufweist, die beeindruckend ist. Und sie hat 25000 Jahre überdauert! Die Steinzeitgesellschaft hat sich nur langsam entwickelt. Die Menschen jener Zeit hatten eine kurze Lebenserwartung, vielleicht fünfundzwanzig, achtundzwanzig Jahre. Wie haben sie es trotzdem geschafft, ihre Erfahrungen und ihr Wissen lückenlos von Generation zu Generation weiterzugeben? Das ist wirklich erstaunlich.

– *In einer Welt, in der die einzelnen Gruppen Tausende von Jahren isoliert voneinander gelebt haben, müssen sich die Kunst und das Sakrale entlang vieler verschiedener Linien entwickelt haben. Wie läßt sich unter diesen Umständen eine Tradition erklären, die so lange Bestand hatte und die darüber hinaus so universell war?*

– Wir wissen heute zwar, daß es zwischen den einzelnen Gruppen einen Austausch gegeben hat, aber das allein ist keine befriedigende Erklärung. Die Kunst hat sich in ganz Europa über einen langen Zeitraum auf fast dieselbe Art und Weise ausgedrückt. Dazu bedarf es eines mächtigen, einheitstiftenden Bindeglieds.

– *Und dieses Bindeglied ist zwangsläufig religiöser Natur?*

– Ja, hier offenbart sich unbestreitbar ein Symbolsystem, ein Glaube, etwas Sakrales. Die Steinzeitmenschen haben sich nicht ohne triftigen Grund in dunkle, unzugängliche Höhlen gewagt. Und da sie dies über so viele Jahrtausende durchhielten – mehr als zehnmal so lange, wie die christliche Religion überhaupt existiert –, muß dahinter ein strukturiertes und ziemlich starres Weltbild gestanden haben, dessen Inhalte, Riten und Mythen konsequent tradiert worden sind. Und das war nur mit Hilfe einer echten Religion möglich.

3. Szene: Die Geburt der Religion

Ängstlich scharen sie sich im Dunkel der Höhlen um den Schamanen, der die Götter beschwört. Vor ihnen tut sich eine geheimnisvolle Welt auf: Sie haben die Religion entdeckt.

DAS SAKRALE ERWACHT

– Als das menschliche Tier neugieriger geworden war, betrachtete es die Welt mit anderen Augen. Es findet Unerklärliches, Widersprüchliches, aber auch harmonische Zusammenhänge. Nach und nach entdeckt der Mensch das Schöne, die Kunst, den Tagtraum. Im Dunkel der Höhlen entsteht das Reich der Phantasie. Er stellt fest, daß es in der Welt gute und böse Mächte, Freunde und Feinde gibt … Und gleichzeitig, fast zwangsläufig, entwickelt er die Religion …

– Unsere Vorfahren, die Höhlenmenschen, haben sich die elementare Frage gestellt, die ihnen den Zugang zur wahren Menschlichkeit ermöglichte: »Woher kommen wir?« Man weiß, daß die Mythen über die Erschaffung der Welt in der Phantasie der Menschen eine entscheidende Rolle spielen. Sie geben dem ganzen Stamm ein Gefühl der Zusammengehörigkeit, und das gilt sogar noch für die »Stämme« der westlichen Moderne! Die Menschen jener Epoche hatten bereits ein ausgeprägtes Verständnis für komplexe Zusammenhänge, sie setzten sich mit den übernatürlichen Kräften auseinander und versuchten, Kontakt mit ihnen aufzunehmen.

– Hätten sie diese Sicht der Welt nicht schon früher gewinnen können? Soll das heißen, daß der wahre Geist des Homo sapiens *erst in der Kunst und im Sakralen zum Ausdruck kommt?*

– Ja. Ich bezweifele, daß es so etwas wie einen Sinn für das Sakrale schon bei unseren früheren Vorfahren oder deren Vettern, den Neandertalern, gegeben hat. Möglicherweise hat der *Homo erectus* in bestimmten Zeiten zwar schon die Symmetrie eines Faustkeils zu schätzen gewußt, aber das hat ihn nicht daran gehindert, seine toten Artgenossen zu verspeisen. Und das läßt nicht gerade auf einen stark entwickelten Sinn für das Sakrale schließen. Aber der Neandertaler hat seine Toten immerhin schon begraben: In La Ferrassie in der Dordogne hat man eine Steinplatte auf dem Grab eines Neandertalerkindes gefunden, die mit achtzehn kleinen Bechern verziert war. Grabstätten und Grabbeigaben setzen schon bereits den Glauben an ein Leben nach dem Tode, an eine andere Welt voraus, und damit zeichnet sich vielleicht doch bereits hier der Beginn einer Religion ab ...

DAS KREUZ DER AUSSERIRDISCHEN

– Aber eine echte Religion erscheint, ähnlich wie die Kunst, erst mit dem heutigen Menschen, also mit dem Höhlenmenschen, nicht wahr?

– Ja, mit dem Erwachen des Mitgefühls; ich glaube sogar, daß sie erst nach der Kunst auftaucht. Wir dürfen nicht vergessen, daß die Trennung zwischen dem Sakralen und dem Profanen, zwischen

Religion und Weltlichkeit erst in der modernen westlichen Welt vollzogen wurde. In den alten Kulturen kannte man diesen Unterschied noch nicht. Damals war das für die Menschen alles ein und dasselbe. Denken wir nur einmal an die Speerschleudern, mit denen unsere Vorfahren ihren Wurfspieß zehn oder zwanzig Meter weiter werfen konnten, als sie es mit bloßer Muskelkraft vermocht hätten. Dieses Werkzeug erfüllte offenbar eine sehr wichtige Aufgabe. Wenn es jedoch mit der Gravierung eines Steinbocks oder eines Fisches verziert war, kam offenbar noch ein rituelles Element dazu. Das, was wir sakral nennen, ist untrennbar mit den Alltagsaktivitäten verbunden.

– Das Sakrale schlägt sich also in Symbolen, Ritualen und Zeremonien nieder.

– Die einzigen Zeugnisse, die uns erhalten geblieben sind, sind die prähistorischen Kunstwerke. Und wir sind bisher noch nicht in der Lage, den Code dieser Kunst zu entschlüsseln. Das Band, das uns mit der Vergangenheit verbunden hat, ist zerrissen. Wir können uns nur vorsichtig an bestimmte Deutungen herantasten, lediglich einen allgemeinen Rahmen schaffen. Um von einer Symbolik zu reden, müssen wir erst sicher sein, daß es sich um universelle Systeme handelt, die zu allen Zeiten und an allen Orten zu finden sind. Stellen wir uns einmal vor, Sie wären ein Marsmensch, der uns besucht, und Sie würden die Darstellung eines Kreuzes oder einer Kreuzigungsszene sehen, ohne die Geschichte von Jesus Christus zu kennen ... Genau das ist unsere Situation angesichts der Steinzeitkunst: Uns fehlen Texte, Hinweise, Erklärungen.

DAS TOR ZUM JENSEITS

– *Wagen wir trotzdem eine Interpretation. Die Höhlenkunst hat nicht nur etwas mit Beschwörungen zu tun, sondern ist gleichzeitig religiös zu verstehen. Könnte man sagen, daß der Mensch versucht hat, seinen Ursprung zu ergründen?*

– Wenn diese Kunst profan zu verstehen wäre, also das Anekdotische betonen würde, hätte man die Bilder außerhalb der Höhlen gemalt, wo jeder sie hätte sehen können. Man hat sie jedoch weitab vom Alltäglichen, Praktischen, an menschenleeren Orten angebracht. Im Gegensatz zu einer weit verbreiteten Meinung haben die Menschen damals nicht in finsteren Höhlen gelebt, in denen es feucht und ungemütlich war, sondern an den Höhleneingängen, in Laubhütten oder Zelten. Die Höhlen waren Kultstätten, in die sie sich nur in Ausnahmesituationen hineingewagt haben. Wenn sie ins Dunkel der Höhlen hinabstiegen, begaben sie sich bewußt in eine andere Welt.

– *In vielen Kulturen war die Unterwelt die Heimat der Geister des Jenseits, wenn nicht gar der Höllenschlund.*

– Wir haben es hier mit einer universellen menschlichen Idee zu tun. Höhlen lösen unbestimmte, atavistische Ängste aus. Wenn man gewissermaßen in die Eingeweide der Erde eindringt, ist das eine Reise in eine andere Welt.

– *Und außerdem ist der Zugang ziemlich schwierig ... War das Absicht?*

– Absolut! Um sich zu verewigen, mußten die Steinzeitkünstler auf allen vieren in die abgelegensten Winkel rutschen. Wenn man die außergewöhnlich schönen drei roten Bären sehen will, muß man sich in Chauvet bis ans Ende eines langen Ganges quälen. In der Höhle von Gargas muß man etwa fünfzig Meter weit kriechen, um ganz hinten das 26000 Jahre alte Negativ einer Hand sehen zu können. Und in Lascaux kann jeweils nur eine Person ans Ende des sogenannten Kabinetts der Wildkatzen kriechen, wo sich die Gravierungen befinden.

DIE MACHT DER SCHAMANEN

– Die Künstler hatten nicht die Absicht, die Aufmerksamkeit des Publikums zu erregen, das zumindest kann man sagen …

– Für sie war nicht unbedingt das Ergebnis ihrer Arbeit entscheidend, sondern der künstlerische Akt an sich. Man kann genau erkennen, daß die Werke der Steinzeitkunst einem Zweck dienten, also nicht *l'art pour l'art* sind. Und es waren keine einfachen Männer oder Frauen, die sich in die Finsternis zurückgezogen haben, sondern Eingeweihte, das heißt Schamanen.

– Dumme Frage: Was ist ein Schamane?

– Der Schamane ist ein Mittler zwischen dieser Welt und dem Jenseits. Im Gegensatz zu einem Magier besitzt er keine okkulten Kräfte. Er begibt sich in die Welt der Geister und redet mit ihnen. Auf diese Weise kann er eine gestörte Harmonie wieder ins Gleichgewicht bringen oder einen Bann aufheben.

– Woher bezieht er seine Kraft?

– Die Tradition der Schamanen, die in Sibirien, Amerika, im Süden Afrikas und in bestimmten Regionen Asiens auch heute noch lebendig ist, begründet sich auf Bewußtseinsveränderungen, also auf Trancezustände, Visionen, Halluzinationen … Wenn ein Schamane in Trance fällt, reist sein Geist in eine übernatürliche Welt, in der mythische Wesen leben, Tiere, Menschen oder Chimären. Er versucht, ihre Hilfe zu gewinnen, um Kranke zu heilen, er bittet um eine erfolgreiche Jagd oder um Regen. Man kann die Steinzeitmenschen natürlich nicht mit den Buschmännern der Kalahari oder mit den Indianern vergleichen. Trotzdem können uns diese Völker eine Vorstellung von der Komplexität dieses Konzepts vermitteln, und sie können uns den Grundgedanken nahebringen, der dahinter steht.

KUNSTSEMINARE

– Versuchen wir einmal, uns in die Situation unserer Vorfahren hineinzuversetzen. Welche Bedeutung hatte die Macht der Schamanen wirklich für sie? Waren sie für das Brauchtum des Stammes verantwortlich?

– Der Schamane ist ein Auserwählter. Er muß nicht nur alle Traditionen kennen, vor allem die Ursprungsmythen, er muß darüber hinaus über die besondere Fähigkeit verfügen, mit der Welt des Übernatürlichen in Kontakt zu treten, um dem Stamm helfen zu können. Zu diesem Zweck muß er bestimmte Techniken erlernen.

– Etwa so wie die Novizen auf dem Priesterseminar …

– Geistliche erlernen und praktizieren unter anderem auch das ekstatische Singen, das Psalmodieren. Auch die Schamanen der Vorgeschichte mußten bestimmte Techniken erlernen, in ihrem Fall Zeichnen und Gravieren. Möglicherweise haben sie auch noch Gesang und Tanz beherrscht. In gewisser Weise leiteten sie Schulen für Kunst und Religion.

– *Sie meinen tatsächlich Schulen prähistorischer Kunst?*

– Im wahrsten Sinne des Wortes. Damals legte man offensichtlich großen Wert auf eine solide und methodische Ausbildung der Künstler, denn der größte Teil der Zeichnungen weist eine bemerkenswerte künstlerische Qualität auf. Aber man entdeckt außerdem tatsächlich so etwas wie »Schulen«, die eine besondere Technik und einen besonderen Stil erkennen lassen.

– *Zum Beispiel?*

– Schauen Sie sich einmal die Beine der Tiere an: In Niaux und in anderen Höhlen in den Pyrenäen sind die beiden hinteren nur angedeutet, um den Eindruck von Perspektive zu erwecken. Betrachten Sie einmal die Hörner bestimmter Rinder: Sie haben stets die gleichen Konturen. Das soll jedoch nicht heißen, daß diese Künstler nicht zeichnen konnten. Im Gegenteil, der größte Teil der Bilder ist naturalistisch, und die Proportionen sind vollkommen. In den gerade beschriebenen Fällen haben sich die Künstler nur an bestimmten Stilkonventionen orientiert, die wahrscheinlich eine Region von der anderen übernommen hat.

– *Hat sich der Einfluß solcher Schulen über einen längeren Zeitraum erstreckt?*

– Ja, ganz offensichtlich. In der Höhle von Parpalló, nicht weit von Valencia, hat man in archäologischen Erdschichten, die einen Zeitraum von über zehntausend Jahren umfassen, fünftausend gravierte oder bemalte Steinplatten gefunden. Das ist ein Beweis dafür, daß diese Traditionen, Rituale und Techniken viele tausend Jahre überdauert haben.

DIE RÜCKSEITE DES SPIEGELS

– Sie glauben also, daß die künstlerischen Gepflogenheiten auch die religiösen Vorstellungen widerspiegeln.

– Ja. Die stilistischen Konventionen sagen etwas über den Glauben und über die Riten aus. So haben die Schamanen mitunter alte, im Laufe der Zeit verwitterte Gravierungen übermalt. Diese Markierungen waren für sie ein Hinweis auf den sakralen Charakter der Felswand und die Macht, die sich dahinter verbarg. Das erinnert an unsere Friedhöfe oder Votivbilder. Eines Tages wird ein bestimmter Ort zur Wallfahrtsstätte erklärt und von zukünftigen Generationen als heiliger, wunderträchtiger Ort verehrt.

– Lassen sich auch destruktive Tendenzen beobachten? Hat man bestimmte Symbole einer Religion der Vergangenheit auslöschen wollen, so wie man christliche Kapellen auf den Ruinen der heidnischen Tempel errichtet hat?

– Sehr selten. In der Höhle von Chauvet sind einige Bilder durch Kratzer zerstört worden. In der Cosquer-Höhle hat man Negativ-Hände, die vor 27000 Jahren entstanden sind, willkürlich ausgelöscht. Die Striche, mit denen man sie unkenntlich gemacht hat, stammen aus einer bedeutend jüngeren Zeit – etwa 17000 v. Chr. Möglicherweise haben die Besucher nach so vielen Jahrtausenden einfach nur noch verschwommene Spuren wahrgenommen und wollten selbst auch an der Macht teilhaben, die man der Felswand zuschrieb.

– Sehr oft haben die Maler die Konturen der Felswände, also die natürlichen Reliefs mit einbezogen. Welche Bedeutung kann das gehabt haben?

– Die Schatten, die durch Fackeln oder Öllampen

an die Felswände geworfen wurden, haben vermutlich die Phantasie unserer Vorfahren angeregt und sie an Tiergestalten erinnert. In einer Vertiefung glaubten sie ein Pferd, einen Bison oder ein Mammut zu erkennen ... In einer Spalte lauerte ein Geist, der jeden Augenblick herauskommen konnte ... Der Schamane hat diese Umrisse vervollständigt, das Ganze nachgezeichnet und auf diese Weise Kontakt mit diesen Wesen aufgenommen.

ANIMALISCHE KRÄFTE

– Die Geister lebten demnach in einer übernatürlichen Welt, die sich hinter der Felswand verbarg?

– Ja. Der Schamane sucht die Begegnung mit ihnen, um an ihrer Macht teilzuhaben. Die kleinen Knochenstücke, die man in die Felsen gesteckt hat, stellen wohl eine Form der Kommunikation mit den Geistern dar. Das gilt auch für die Negativbilder der Hände: Die Farbe wird sowohl auf die Hand als auch auf den Fels aufgetragen, und dann ist die Hand verschwunden. Sie greift gewissermaßen nach der Rückseite des Spiegels ... Die Felswand ist nur ein Schleier, der die Geister verhüllt.

– Alle diese Symbole beziehen sich auf Tiere. Die okkulten Mächte sind also stets animalisch?

– Das ist nur logisch. Die anthropomorphen Vorstellungen des Christentums sind in einer Gesellschaft entstanden, die sich von Ackerbau und Viehzucht ernährt hat, also in einer Welt, die dem Menschen untertan war: Gottvater und Jesus Christus werden als Personen dargestellt. Die Welt der

Altsteinzeit war dagegen von Tieren bevölkert. Es ist daher völlig normal, daß die Macht des Übernatürlichen mit dem Animalischen assoziiert wird.

– Wenn diese Geister heilig waren, durfte man die entsprechenden Tiere doch sicher nicht jagen und töten.

– Das muß nicht unbedingt so gewesen sein. Beim Totemkult werden die Tiere tatsächlich als heilig betrachtet: Eine Gruppe von Menschen wählt sich ein bestimmtes Tier als Totem, und das muß geschützt werden. Aber in den Höhlen lief es anders: Die Tiere, die von Speeren oder Pfeilen durchbohrt werden, sterben einen symbolischen Tod. Sie sind nicht heilig. Bei den Indianern in Kalifornien war der Mufflon das auserwählte Tier der Schamanen, er brachte den Regen. Das hielt die Menschen jedoch nicht davon ab, ihn zu jagen und zu verzehren.

IN TRANCE

– Abgesehen von dem Gedanken, daß unsere Vorfahren Macht über die belebte Natur gewinnen wollten, ist es schwer, die Symbolik zu verstehen, die sie mit jedem einzelnen Tier verbunden haben.

– Ja. Um so mehr, als sich diese Symbolik im Laufe einer so langen Zeit zwangsläufig weiterentwickelt hat und ganz verschiedene Aufgaben erfüllen mußte. Über die Symbole wurden den Stammesangehörigen Mythen überliefert. Sie spielten bei den Ritualen der Geburt, der Vereinigungen, der Begräbnisse und bei der Heilung von Krankheiten eine entscheidende Rolle. Außerdem dienten sie der Kommunikation mit anderen Gruppen, ja sogar der

Verbindung mit den Göttern. Heute wissen wir jedoch – diese wichtige Erkenntnis verdanken wir der Neuropsychologie –, daß die Höhlenkunst zum Teil halluzinatorische Visionen der Schamanen widerspiegelt.

– Kann uns die moderne Neuropsychologie helfen, wenn es um Visionen geht, die 30000 Jahre alt sind?

– Da die beschriebenen Phänomene universell sind, sind sie allen heutigen Menschen zugänglich. Unser Nervensystem hat sich seither kaum verändert. Man beschäftigt sich heute sehr intensiv mit Nahtod-Erlebnissen – den Erfahrungen von Menschen, die beinahe gestorben wären – und hat eine auffällige Übereinstimmung mit den Visionen der Schamanen feststellen können. Für viele Völker ist der Tod übrigens eine Metapher für Trance.

– Nun sind Trance und Halluzinationen ja keine Erlebnisse, die man empfehlen kann …

– Sicher, aber sie werden durch bestimmte Bedingungen, wie sie in der unterirdischen Welt der Höhlen gegeben sind, einfach begünstigt. Alle Orientierungspunkte verschwinden: Tag, Nacht, Sonne, Mond, Sterne, Wind und Regen. Die Umgebung besteht ausschließlich aus Stein, es gibt weder Pflanzen noch Tiere. Nach einer gewissen Zeit führt diese Reizverarmung zu Sinnesstörungen und Halluzinationen. Höhlenforscher und Bergsteiger kennen diese Gefühle und fürchten sie. Die Schamanen haben sich ihnen dagegen bewußt ausgesetzt.

– Die Höhle hat also eine Doppelrolle gespielt: Zum einen ist sie der Ort, an dem die Geister wohnen, zum anderen eine Umgebung, die halluzinative Zustände hervorrufen kann?

– Das ist jedenfalls sehr wahrscheinlich. Und der Schamane, der die Verbindung zwischen den Menschen und den Geistern herstellt, die sich hinter den Felswänden verbergen, wird um seine Rolle nicht gerade beneidet. Er braucht viel Kraft und kehrt jedesmal ziemlich erschöpft von seiner Reise zurück.

– Was geschieht denn auf einer solchen Reise mit ihm?

– Der Mensch kann drei Stadien der Trance erleben. Der eine wird sofort in das dritte Stadium versetzt, der andere kommt nie über das erste hinaus. Es hängt vom einzelnen ab und von den Umständen …

– Versuchen wir doch einmal, das Idealmodell zu beschreiben.

– Unter dem Einfluß halluzinogener Drogen, monotoner Trommelklänge oder rhythmischer Gesänge, aber auch wenn jemand unter Reizverarmung, Hunger, Kälte oder Schmerzen leidet, neigt er dazu, in Trance zu fallen und sich von der Realität zu entfernen. Er sieht dann Punktwolken, Zickzacklinien, Gitter, Kurven, gerade Linien – etwa das, was ein Mensch erlebt, der einen heftigen Migräneanfall hat.

– Also Bilder ohne Bedeutung.

– Im zweiten Stadium ordnen sich diese Zeichen. Der Verstand, der sie zunächst in dieser desorganisierten Weise wahrgenommen hat, versucht automatisch, sie in einen vertrauten Zusammenhang zu bringen. Für die kalifornischen Indianer, die

Schamanismus praktizieren, können beispielsweise aus den Zickzackmustern Klapperschlangen werden, während die Tucano-Indianer Kolumbiens sie als Milchstraße sehen.

– Die Interpretation der Zeichen hängt also von der jeweiligen Kultur ab. Und was geschieht im dritten Stadium?

– Mitunter hat der Betroffene das Gefühl, durch einen Tunnel zu gehen, an dessen Ende ein Licht leuchtet. Wenn er dann am Ausgang angelangt ist, hat er endlich die andere Welt erreicht. Er kann fliegen, schweben. Die Tiere sprechen, und er verwandelt sich selbst in ein Tier.

– Donnerwetter. Was für eine Geschichte. Und nach einem solchen Abenteuer ist der Schamane immer noch in der Lage, anderen seine Visionen aus dem Jenseits mitzuteilen?

– Selbst im dritten Stadium bleibt ein Teil seiner Persönlichkeit menschlich, er kann sich an alles erinnern und später über seine Erlebnisse reden. An Wachträume kann man sich bekanntlich bedeutend besser erinnern als an echte Träume.

VISIONÄRE BILDER

– Die Schamanen der Vorgeschichte haben demnach ihre halluzinativen Visionen auf die Felswände gemalt oder graviert. Ihre Kunst ist also der unmittelbare Ausdruck ihrer Visionen.

– Die einfachen Muster, die wir oft in den Höhlen finden, entsprechen genau dem ersten Stadium der Trance. Da dieses Phänomen konstant und universell ist, könnte es erklären, warum die Steinzeitkunst über Tausende von Jahren so einheitlich war. Die Bilder und Gravierungen, auf denen Tiere abgebildet sind, repräsentieren dagegen eher die Visionen des zweiten und dritten Stadiums.

– Also auch des Stadiums, in dem der Schamane sich in ein Tier verwandelt?

– Er verwandelt sich nur teilweise. Er wird ein Tier und bleibt gleichzeitig doch menschlich, er verbindet die beiden Welten miteinander. In Afrika findet man viele Darstellungen von Menschen, die an einer ganz unauffälligen Stelle kleine Merkmale eines Tieres tragen. Sie sind ein Zeichen dafür, daß es sich um Schamanen handelt, die sich verwandelt haben. Nach ihrem Übergang in die andere Welt haben sie sich in Mischwesen verwandelt. In Niaux hat ein Spezialist für Bisons festgestellt, daß bei den Tieren manchmal das Geschlechtsorgan an der falschen Stelle gemalt war. Sollte das Absicht gewesen sein, oder war es ein Fehler? Schließlich war den Künstlern die Anatomie des Bisons sehr vertraut. Sollten damit vielleicht verwandelte Schamanen dargestellt werden, oder wurde auf diese Weise der Geist eines Bisons beschworen, der dem Schamanen helfen sollte?

– Zwischen den Stadien der Trance einerseits und den Zeichen und Tierdarstellungen andererseits besteht also ein direkter Zusammenhang. Die Fingerspuren und Kritzeleien, die wir manchmal an Felswänden finden, lassen sich jedoch auf diese Weise nicht erklären.

– Hier und da trifft man tatsächlich auf sehr ungeschickte Zeichnungen, die nur selten in den Büchern abgebildet sind. Sie sind wahrscheinlich nicht das Werk großer Künstler. Man hat außerdem Fuß- und Handabdrücke von Kindern – manchmal von sehr kleinen – entdeckt.

– *Waren die Höhlen denn nicht nur den Auserwählten vorbehalten?*

– Man kann sich vorstellen, daß der Schamane gelegentlich von Personen begleitet wurde, die versuchten, Kontakt mit der Welt der Geister aufzunehmen: von Kranken, die Heilung suchten, oder von Jägern, die eine erfolgreiche Jagd erbitten wollten. Der Schamane zeichnete beispielsweise einen Bison, und seine Begleiter fügten ein paar Striche hinzu. Bei manchen Zeremonien waren vermutlich auch Kinder anwesend. Es ging dabei immer um praktische Dinge. Solche Besuche fanden allerdings nur selten statt, wahrscheinlich nur in ungewöhnlichen Situationen: bei Naturkatastrophen, bei Epidemien oder Tierseuchen …

– *Das heißt, wenn die Existenzgrundlage gefährdet war … Und was geschah sonst? Der Kult der Altsteinzeit kann sich schließlich nicht nur auf Katastrophen beschränkt haben.*

– Das stimmt. Man kann sich vorstellen, daß sich die anderen Zeremonien im wesentlichen draußen oder in leichter zugänglichen Teilen der Höhlen abgespielt haben. Wir haben allerdings bisher nicht die kleinste Spur davon gefunden.

HOCHAMT IN LASCAUX

– *In Lascaux gibt es mehrere Räume, deren Wände mit wunderschönen Bildern bedeckt sind und die Platz für zwanzig bis dreißig Personen bieten. Man kann sich kaum vorstellen, daß sie nur für einen einzigen Schamanen gedacht waren.*

– Die Höhle von Lascaux ist tatsächlich monumental, sie ist einmalig. Bestimmte Tierzeichnungen sind hier so angebracht, daß man sie sofort sehen kann. Sie sind mitunter bis zu fünf Meter lang, während die Darstellungen in anderen Höhlen meist bedeutend kleiner sind als die Tiere in der Natur. Das läßt darauf schließen, daß hier eine Gruppe am Werk war, die einen ausgeprägten Sinn für das Spektakuläre hatte und deren geistige Einstellung eine andere war als die der Künstler, deren Werke wir in verborgenen und nur schwer zugänglichen Winkeln der Höhlen finden.

– *Könnte man in diesem Zusammenhang an öffentliche Zeremonien denken?*

– Ja, warum nicht. Im sogenannten »schwarzen Salon« der Höhle von Niaux ist die Akustik ungewöhnlich. Das ist sicher kein Zufall. Wurden an diesem Ort große Zeremonien abgehalten, mit Gesängen, Tänzen und kollektiven Riten, vielleicht zur Heilung der Kranken? Es ist durchaus möglich, daß sich eine Gruppe mehrmals im Jahr dort versammelt hat, um die Bilder ehrfurchtsvoll zu betrachten oder einen berühmten Schamanen zu sehen ...

– *Können uns die Abdrücke der nackten Füße, die man gefunden hat, etwas über die Häufigkeit der Höhlenbesuche sagen?*

– Nein, denn sie sind sehr selten und kaum zu datieren. Man findet sie nur in Höhlen, die nicht öffentlich zugänglich waren, in denen der Boden nicht festgestampft ist und die sich vor allem aufgrund günstiger klimatischer Bedingungen kaum verändert haben. In den meisten Fällen handelt es sich um Spuren von Kinderfüßen. Kinder – darauf weist auch Leroi-Gourhan hin – haben zu allen Zeiten Spaß daran gehabt, überall herumzuschnüffeln, barfuß durch den Sand zu laufen oder im Schlamm zu waten. Aber zwischen den Zeichnungen auf den Felswänden und den Fußabdrücken können Tausende von Jahren vergangen sein.

DREI KLEINE WÜRSTE

– Der Schamanismus liefert eine plausible Erklärung für die Höhlenkunst. Die Höhlen stellten eine Möglichkeit dar, eine Verbindung zwischen der sichtbaren Realität und der Welt der Geister zu schaffen. In diese Welt konnte man eintreten, wenn man sich von der kontrollierten Ekstase der Trance leiten ließ. Punkte, Striche und andere Zeichnungen sind Abbilder der Visionen des Schamanen. Die vollständig dargestellten Tiere, naturalistische Malereien und Strichzeichnungen, spiegeln die Kräfte wider, die im Inneren des Felsens verborgen sind. Fingerspuren und Kritzeleien weisen auf die Anwesenheit anderer Besucher hin, die ab und zu den Schamanen begleitet haben … All das ist eine verführerische Deutung, aber letzten Endes doch nur eine Vermutung.

– Zweifellos. Man sagt sich, daß alle Kulturen (bis auf unsere laizistische Epoche) auf die eine oder andere Art religiös geprägt sind. Und es gibt keinen Grund anzunehmen, daß es in der Vorgeschichte des modernen Menschen anders gewesen sein soll. Wir werden das allerdings nie wissenschaftlich beweisen können, wir können nur Hypothesen aufstellen, die man am besten überprüfen kann, indem man feststellt, ob sie mit möglichst vielen wissenschaftlich erwiesenen Fakten übereinstimmen und ob sie durch neue Entdeckungen untermauert werden. Seit man auf den Gedanken gekommen ist, daß die Höhlenkunst etwas mit dem Schamanismus zu tun haben könnte, habe ich diese Idee bei der Untersuchung neuer Höhlen nie aus den Augen verloren, und ich muß sagen, daß mir der Zusammenhang durchaus plausibel erscheint.

– *Hat man in letzter Zeit neue Spuren dieser Künstler gefunden?*

– Ja, obwohl man bisher nicht einmal alle bekannten Höhleneingänge überprüft hat und es noch eine große Zahl von verborgenen Öffnungen gibt, die seit Jahrtausenden von Sedimenten überlagert oder unter Steinmassen, die sich im Laufe der Zeit darüber geschichtet haben, verschüttet worden sind. Manche sind nach all den Jahren auch völlig von Pflanzen überwuchert und deshalb nicht leicht zu finden. Aber auch bezüglich der bereits gut untersuchten Höhlen können sich ganz plötzlich neue Einsichten auftun.

– *Zum Beispiel?*

– In der Höhle Tuc d'Audoubert hat man tief im Inneren, etwa dreißig Meter von den Bisondarstellungen entfernt, drei Würste aus Ton gefunden. Im Jahre 1912 hat Abbé Breuil sie für Phallussymbole gehalten, für Symbole der Pubertät der jungen Männer, die ihre Initiation hinter sich hatten. Er interpretierte alles im Sinne des Initiationszaubers. Vor etwa zehn Jahren war ich mit einem amerikanischen Bildhauer in dieser Höhle und berichtete ihm von dieser Deutung des Abbé. Er war sehr erstaunt und sagte: »Das stimmt überhaupt nicht. Das ist eine typische Angewohnheit unserer Zunft. Wir machen das immer so: Wir nehmen eine Handvoll Ton, kneten ihn zu Würsten und prüfen auf diese Weise, ob er sich gut verarbeiten läßt.« Dann sah er sich die kleinen Löcher an, die uns bisher Rätsel aufgegeben hatten: »Die hat er mit der Fingerspitze gemacht«, erklärte er. »Ein

Bildhauer probiert immer mit dem Finger, ob der Ton noch weich genug ist.« So einfach war das also.

BRAUCHEN WIR EINEN NEUEN CHAMPOLLION?

– Um das alles entschlüsseln zu können, bräuchten wir eigentlich so etwas wie den Stein von Rosette oder vielleicht sogar einen neuen Champollion.

– Ich glaube nicht, daß man diese Botschaften aus der Vergangenheit jemals entschlüsseln wird. Vor einigen Jahren war ich mit einem indianischen Medizinmann an einer Ausgrabungsstätte. Am Eingang der Höhle befanden sich einige senkrechte Zeichen. Ich dachte bei mir: André Leroi-Gourhan hätte das Ganze für ein männliches Zeichen an der Schwelle einer weiblichen Höhle gehalten, während Abbé Breuil ein Pfeilmuster darin gesehen hätte, also die Waffe der Jäger.

– Und was haben Sie gesehen?

– Der Medizinmann hat es mir erklärt: Die Zeichen waren lediglich ein Hinweis, daß der Zugang zu dieser Höhle nur den Initiierten vorbehalten war, die das zweite Stadium der Trance erreicht hatten. So sieht das nun einmal aus. Mit unserem Wissen können wir immer nur eine Ecke des Schleiers lüften, aber längst nicht alles erklären. Zweifellos wird man eines Tages eine andere Erklärung finden, die alles vervollständigt, modifiziert oder unsere Deutung ersetzt …

– Es dürfte letzten Endes unmöglich sein, die Religion mit den Mitteln der Wissenschaft zu erklären, auch wenn es sich um die Religion der Vorgeschichte handelt, nicht wahr?

– Wenn wir den Wert einer Religion unter dem Gesichtspunkt ihres wissenschaftlich überprüfbaren Wahrheitsgehalts betrachten würden, könnte keine einzige spirituelle Tradition bestehen. Steht die Wahrheit der Bibel im Widerspruch zum aktuellen Stand unserer wissenschaftlichen Erkenntnisse? Nein, denn diese beiden Wahrheiten beziehen sich auf völlig verschiedene Sphären. Und das gilt auch für die Religionen der Altsteinzeit.

SZENENWECHSEL

– Und dann ist plötzlich alles weg. Eine Religion, die 25000 Jahre überdauert hat – länger als jede andere in der Geschichte der Menschheit –, ganz einfach verschwunden. Ungefähr vor 12000 Jahren wurde die Felsmalerei nach und nach aufgegeben. Was ist damals geschehen?

– Gegen Ende der Eiszeit kam es zu entscheidenden Veränderungen, die sich allerdings nur allmählich vollzogen. Das Klima wurde wärmer, bestimmte Tierarten starben aus. Das Mammut ist bereits verschwunden, und nach und nach ziehen sich die Rentiere nach Norden zurück. Andere Arten gewinnen die Oberhand: Wildschweine und Hirsche. Man beginnt, Schnecken zu verzehren, die Lebensweise verändert sich, und mit ihr das Sozialgefüge. Und auch die Religion, in der Regel das konstanteste Element einer Kultur, findet ein Ende: Entweder paßt sie sich den neuen Verhältnissen an, oder sie stirbt aus.

– Und die Menschen verlassen die Höhlen?

– Es regnet häufig, und die Wälder dehnen sich aus. Hinzu kommt, daß die Höhlen immer feuchter werden. Wasser sammelt sich an und macht viele Höhlen unzugänglich. Vielleicht ist die Felsmalerei längst durch eine Malerei auf Holz abgelöst worden.

– *Und die Tiere symbolisieren nicht mehr die übernatürlichen Mächte?*

– In einer Gesellschaft von Jägern ist der Mensch nur ein Raubtier unter vielen anderen. Das Wildpferd und der Löwe, die in den Höhlen abgebildet sind, konnten damals noch als mächtige Geister erscheinen. Etwa 10000 v. Chr. fand jedoch – das wird Jean Guilaine jetzt gleich ausführen – die größte Umwälzung in der abenteuerlichen Geschichte der Menschheit statt: Während der neolithischen Revolution wurde die Viehzucht erfunden. Schaf und Rind waren die ersten Haustiere. Kühe oder Schweine, die in menschlicher Obhut leben, lassen sich wohl kaum als Götter verehren! Aus dem Jäger der Vorgeschichte wird ein Hirte. Seine Lebenswelt wird sich verändern – und mit ihr auch seine Vorstellungswelt.

Dritter Akt

Die Eroberung der Macht

1. Szene:
Der Beginn eines neuen Zeitalters

Und dann wurde eines Tages diese Idee geboren, der entscheidende Schritt getan. Die ewige Reise war zu Ende, die Menschen brachten ihre erste Ernte ein und gerieten in das unaufhaltsame Räderwerk der Zivilisation.

EINE IDEE, DIE DIE WELT ERSCHÜTTERTE

– Wir wenden uns jetzt einem kaum zu überschätzenden Ereignis zu. Die Menschen haben die Erde kolonisiert, ihr Dasein durch Kunstwerke und Mythen transzendiert. Das ändert jedoch nichts daran, daß sie immer noch schutzlos den Naturgewalten ausgeliefert sind. Sie sind in der animalischen Welt ihrer Vorväter gefangen und abhängig von den Unwägbarkeiten des Jagens und Sammelns. Und dann wird plötzlich alles anders …

– JEAN GUILAINE: So ist es. Bis zu diesem Zeitpunkt lebten die Menschen in der archaischen Welt der Altsteinzeit, wie André Langaney und Jean Clottes sie beschrieben haben. Sie haben gejagt und gefischt, Früchte gesammelt und sich wie intelligente Raubtiere verhalten. Sie haben sich ihre Beute gut ausgesucht und die möglichen Auswirkungen ihrer Handlungsweisen berücksichtigt. Trotzdem waren sie immer noch der Natur ausgeliefert, in gewissem Sinne waren sie reine Konsumenten, wie die Tiere. Jetzt ging die lange Reise der Jäger und Sammler, die über drei Millionen Jahre gedauert hatte, zu Ende.

Mit dem Beginn des Neolithikums, vor etwa 12000 Jahren, setzte ein unumkehrbarer Veränderungsprozeß ein.

– *»Neo« heißt neu, »lith« Stein, nicht wahr?*

– Ja, also ist das Neolithikum die Neusteinzeit. Im Paläolithikum, also der Altsteinzeit, hat man die Steine einfach nur behauen. In der Neusteinzeit wurden sie außerdem geschliffen und glattpoliert. Aber die Veränderungen, die damals stattgefunden haben, gehen weit über diese einfache technische Neuerung hinaus. Es ist ein einmaliger Vorgang in der Geschichte der Menschheit, der Beginn einer Lebensweise, die die Menschen im großen und ganzen bis zur industriellen Revolution im neunzehnten Jahrhundert beibehalten haben. In gewisser Weise leben wir ja sogar heute noch so.

– *Wie drückt sich diese Veränderung aus?*

– Die Menschen zähmen die Natur, domestizieren sie, gestalten sie um. Dabei verändern sie natürlich auch sich selbst, ihr Verhalten, ihre Gewohnheiten und die Beziehungen zueinander. Es ist tatsächlich eine Art Räderwerk, das sich jetzt in Bewegung setzt, eins greift ins andere. Die Menschen geben allmählich das Nomadenleben auf, lassen sich nieder und gründen die ersten Siedlungen (etwa 12000 Jahre v. Chr.). Sie lernen, wie man Nahrung produziert, sie erfinden den Ackerbau (etwa 9000 Jahre v. Chr.) und die Viehzucht (ungefähr 8500 Jahre v. Chr.) … Sie stellen bessere Werkzeuge her, führen die Arbeitsteilung ein und bilden Hierarchien …

– *Das ist tatsächlich revolutionär! Erstaunlich, wie eine Idee plötzlich die gesamte Menschheit erfassen kann …*

– Wenn man diese Periode aus unserer heutigen Sicht betrachtet, hat man den Eindruck eines brutalen Bruchs: Millionen Jahre haben unsere Vorfahren als Jäger und Sammler gelebt, und dann war auf einen Schlag alles ganz anders. Aber in Wirklichkeit war es eher eine Evolution als eine Revolution. Die ganze Entwicklung hat sich über zwei bis drei Jahrtausende erstreckt. Die neue Lebensweise ist mehr oder weniger gleichzeitig an verschiedenen Stellen entstanden und hat sich von dort auf die benachbarten Regionen und schließlich auf die ganze Welt ausgedehnt.

DER WUNSCH NACH VERÄNDERUNG

– Zu dieser Zeit lebten die kleinen Menschengruppen, die sich über die ganze Erde verteilt hatten, sehr weit voneinander entfernt. Wie erklärt man sich den Umstand, daß diese Veränderungen an unterschiedlichen Orten gleichzeitig aufgetreten sind, zwischen denen a priori keine Kommunikation bestand? Gibt es in der Evolution des Menschen ein logisches Prinzip, daß ihn von einer Etappe seiner Geschichte zur nächsten gedrängt hat?

– Dazu gibt es mindestens zwei Hypothesen. Die erste besagt, daß die Natur den Menschen gezwungen hat, sich anzupassen. Damals war die letzte Eiszeit zu Ende. Das Klima hatte sich erwärmt, es war feuchter geworden, und das begünstigte die Vegetation. In Europa herrschte ein gemäßigtes Klima, die südlichen Regionen waren dagegen sehr trocken. In wasserarmen Gegenden siedelten sich die Menschen an besonders geeigneten Stellen, an See- oder Flußufern und in der Nähe von Sumpf- oder Moorland an. Man kann sich vorstellen, daß das lebenspendende Wasser sie veranlaßt hat, sich mehr für die Tiere und Pflanzen zu interessieren, und daß dieses Zusammenrücken der erste Schritt zur Domestikation war.

– *Und die andere Hypothese?*

– Sie geht vom Gegenteil aus. Ihr zufolge hat die intellektuelle Evolution den Menschen zu diesen Veränderungen veranlaßt. Seit es Menschen gibt, haben sie Artefakte geschaffen. Unsere Vorfahren haben Steine bearbeitet, wenn auch zunächst in primitiver Weise. Und sie haben ihr Wissen weitergegeben. Dabei sind sie bereits mit komplizierten Begriffen umgegangen und haben im Laufe der Zeit eine Kultur geschaffen, die von Generation zu Generation immer weiter vervollkommnet wurde …

– *Die Idee des Ackerbaus wäre ihnen demnach fast von selbst gekommen: Wir säen einfach mal ein paar Körner aus und warten, was daraus wird. Kann das so gewesen sein?*

– Es erscheint logisch, daß sie sich irgendwann für die Samen der gesammelten Pflanzen zu interessieren begannen und ihnen der Gedanke kam, sie auszusäen. Ebenso kann sich ihre Einstellung zu den Tieren geändert haben. Zunächst haben sie sich beim Jagen mehr oder weniger vom Zufall leiten lassen. Dann wurde die Jagd systematisch und selektiv betrieben, und schließlich ging man zur Domestikation der Tiere über. Die Natur hätte demnach nicht viel damit zu tun gehabt: Die Entwicklung geht einzig und allein vom Willen des Menschen aus.

Ein bisschen nachgeholfen

– Warum hat sich das dann nicht überall so abgespielt?

– Die Umwelt kann nicht ganz außer acht gelassen werden. Man brauchte Pflanzen, die sich gut kultivieren ließen, und Tiere, die sich zur Zucht eigneten, und das war nicht in allen bewohnten Regionen der Fall. So gab es zum Beispiel Weizen und wilde Gerste im Nahen Osten, aber nicht im Norden Europas. Wahrscheinlich hat auch die Bevölkerungsstruktur ein bißchen nachgeholfen.

– Von André Langaney wissen wir, daß die Bevölkerungsdichte damals in nie dagewesener Weise zugenommen hat.

– Ja. Vor ungefähr 12000 Jahren gab es auf der ganzen Erde bestenfalls sieben bis acht Millionen Einwohner. In den darauffolgenden acht Jahrtausenden hat sich die Weltbevölkerung verzehnfacht, auch das eine Auswirkung der »Revolution« der Neusteinzeit. Allein im heutigen Frankreich stieg die Bevölkerungszahl von etwa 50000 auf 500000. Man kann sich gut vorstellen, daß bestimmte Gruppen vor etwa 12000 Jahren so anwuchsen, daß sie nicht mehr allein von der Jagd und vom Früchtesammeln leben konnten, sondern sich nach anderen Möglichkeiten umsehen mußten. Oder es war umgekehrt: Durch die Seßhaftigkeit und die neuen Nahrungsressourcen ist die Bevölkerungszahl immer mehr angestiegen. Aber das ist wie mit der Henne und dem Ei.

DIE SCHAUPLÄTZE DER REVOLUTION

– Was könnte unsere Vorfahren, die Millionen von Jahren als Nomaden gelebt haben, dazu bewogen haben, eines guten Tages seßhaft zu werden? Weiß man, wie das begonnen hat?

– Die ersten Erschütterungen waren etwa 12000 bis 10000 Jahre v. Chr. zu spüren. Damals führten unsere Vorfahren noch das typische Leben der Altsteinzeit. Sie lebten in Horden, jagten Säugetiere, sammelten Gräser, fischten ... Und dann – darauf weisen jedenfalls die jüngsten Forschungsergebnisse der Archäologie hin – begannen sie, sich in bestimmten Regionen der Erde niederzulassen: zum Beispiel an den Ufern von Seen, in der Nähe der Meeresküsten oder an Flußmündungen, jedenfalls an Stellen, an denen es reichlich Nahrung gab.

– Sie ließen sich also nieder ...

– In aller Ruhe ... Wahrscheinlich haben sie sich gesagt: »Hier können wir das ganze Jahr über Fische fangen, im Sommer gibt es genügend eßbare Pflanzen, wir wissen, daß im Frühjahr die Hirschrudel vorbeikommen ... Hier bleiben wir und rühren uns nicht mehr vom Fleck.« Zu Anfang errichteten sie Basislager, in denen sie zwischen ihren nomadischen Phasen monatelang wohnten.

– Und wann fing das an?

– Mit Ausnahme von einigen Orten in Mittel- und Osteuropa, die aus der Zeit von 32000 bis 22000 v. Chr. stammen, aber bald wieder aufgegeben wurden, finden sich die ältesten Zeugnisse der Seßhaftigkeit in Syrien, Israel, Palästina und im Irak. Hier gingen Seßhaftigkeit und Dauerbesiedlung mit den ökonomischen Veränderungen einher, die zur Herausbildung der bäuerlichen Kultur führten.

– *Das Ganze tauchte also nicht von heute auf morgen auf?*

– Natürlich nicht. Zu Anfang gab es Übergangsformen: »Dörfer«, in denen Jäger und Sammler wohnten, die weder Ackerbau noch Viehzucht betrieben. Auch in Mallaha am Jordan gab es etwa 11000 vor unserer Zeitrechnung einen Ort mit Blockhäusern, die teilweise von Mauern umgeben waren. Man hat dort die für Jäger und Fischer typischen Gegenstände gefunden, aber gleichzeitig auch Werkzeuge, mit denen man wildes Getreide gemahlen hat. Zu dieser Zeit haben sich die Menschen demnach ausschließlich von wildwachsenden Pflanzen, wilden Tieren und Fischen ernährt.

– *Schließlich hat man sich dann aber doch umgestellt …*

– Ja. Etwa 9000 Jahre vor unserer Zeitrechnung veränderte sich alles sehr rasch. Die Architektur nahm teilweise einen monumentalen Charakter an. In Jericho in Palästina gab es einen steinernen Turm mit einem Durchmesser von zehn Metern und einer Höhe von fast neun Metern, der von einer drei Meter dicken Befestigungsmauer umgeben war. Auf den erhaltenen steinernen Sockeln standen wahrscheinlich Rundhäuser aus ungebrannten Ziegelsteinen aus dem roten Ton, den wir aus der Gegend um Jericho und Aswad kennen, oder aus Lehm, wie in Mureybet. Im Gebiet des Euphrat und des Jordan finden wir auch die ersten Zeugnisse der Landwirtschaft …

– *Die europäische Keimzelle war also der Nahe Osten. Und wie sah es anderswo aus?*

– Die Botaniker haben festgestellt, daß die wichtigsten Getreide- und Gemüsesorten Tausende von Kilometern weit voneinander entfernt gezüchtet wurden. Weizen, Gerste, Erbsen, Linsen und Saubohnen im Nahen Osten, Hirse und Reis im Fernen Osten, Mais und Bohnen in Amerika, Hirse und Sorghum in Afrika ... Alle diese Entwicklungen vollzogen sich an unterschiedlichen Orten in der Zeit zwischen 9000 und 5000 Jahren vor unserer Zeitrechnung. Vor allem bezüglich Afrika sind die Zeitangaben aber nicht gesichert.

– Einige Regionen konnten damals aber nicht an den Segnungen der Landwirtschaft teilhaben ...

– Jedenfalls nicht sofort. Eine Zeitlang lebten die Jäger und Sammler und die neuen Bauern nebeneinander her. So war man zum Beispiel im Nahen Osten bereits zu Ackerbau und Viehzucht übergegangen, während man im Fernen Osten noch von der Jagd auf Hirsche, Wildschweine oder Steinböcke lebte. Im Gebiet der Anden und der angrenzenden Regionen hatte sich der Anbau von Gemüse und Getreide durchgesetzt. In großen Teilen Südamerikas, vom Amazonas bis nach Patagonien, lebten die Menschen dagegen noch vom Jagen, Fischen und Sammeln. Es kann sein, daß es einen gewissen Widerstand gegen die Landwirtschaft gegeben hat. Eine ökonomische Entwicklung vollzieht sich nie überall im Gleichtakt.

DER KEIM DER VERÄNDERUNG

– Wurden all diese Veränderungen durch die Entdeckung der Agrikultur ausgelöst?

– Man hat sich lange Zeit gefragt, was zuerst da

war: der Ackerbau oder die Viehzucht ... Manche gehen davon aus, daß die Viehzucht mit der Jagd verwandt ist, und glauben daher, daß es sie eher gab als den Ackerbau, der zudem Seßhaftigkeit voraussetzte. Die Archäologie hat das Gegenteil beweisen können: Zuerst wurden Pflanzen gezüchtet, erst dann die Tiere. Aber immer wieder entzünden sich an diesem zeitlichen Ablauf neue Diskussionen. Im Nahen Osten kam es im neunten Jahrtausend v. Chr. zu einer Beschleunigung jenes Prozesses, der letzten Endes zur Domestikation der Pflanzen und Tiere führte.

– *War das überall so?*

– In jedem Fall im Nahen Osten, in Asien und in Amerika. Was Afrika anbetrifft, so dauert die Diskussion darüber zur Zeit noch an. Man hat dort Felsmalereien mit Darstellungen von domestizierten Rindern aus einer Zeit entdeckt, aus der wir keine Anzeichen für den Anbau von Hirse oder Sorghum kennen. Das könnte bedeuten, daß die Domestizierung der Tiere hier vor der Pflanzenzucht eingesetzt hat – oder aber daß diese Rinder über den Nil aus dem Nahen Osten nach Afrika eingeführt wurden ...

– *Eines Tages legte also ein Mensch, der etwas schlauer war als die anderen, ein Korn in den Boden und löste damit eine Revolution aus.*

– Das ist die mythische Vorstellung unseres Ursprungs: Ein Mann – vielleicht auch eine Frau –, der tiefer in die Geheimnisse der Pflanzenwelt eingedrungen war, hat eines Tages jenes Wunderkorn in den Boden gelegt, aus dem der erste Weizen gesprossen ist ... Die Wirklichkeit war mit Sicherheit bedeutend komplizierter. Der Übergang von der

Wild- zur Zuchtform geschah nach und nach und war den Menschen nicht bewußt.

– *Woher will man das wissen?*

– Schon auf dem Speisezettel der Jäger und Sammler stand wildes Getreide. Es ist also durchaus möglich, daß Menschen die natürliche Selbstaussaat dieser Pflanzen beobachtet haben. Sie haben dann einfach nur versucht, diesen Naturprozeß nachzuahmen. Aber vom Säen allein erhält man noch kein domestiziertes Produkt. Erst nach einer gewissen Zeit, in der glückliche Zufälle die Selektion in Gang setzten (indem zum Beispiel die etwas größeren Samen bestimmter Mutanten, in jungfräuliche Erde gesät, geringfügig größere Erträge hervorbrachten), hat der Mensch bestimmte Sorten gezielt weiterentwickelt. Und diese Sorten haben schließlich die morphologischen Eigenschaften entwickelt, die man auch heute noch vorfindet.

WAS DER HEIMISCHE HERD VERRÄT

– *Erstaunlich, daß man derart genau über den Pflanzenanbau vor 10 000 Jahren Bescheid weiß!*

– Schon seit dem vorigen Jahrhundert beschäftigen sich die Botaniker mit der Verteilung wilder Pflanzen auf unserem Planeten. Dabei ist es ihnen gelungen, die Heimatregionen der wichtigsten Getreidearten wiederzuentdecken. Sie sind zu dem Schluß gekommen, daß Gerste und Weizen zuerst im Nahen Osten angebaut wurden. Später hat die Archäologie, die nach dem zweiten Weltkrieg große Fortschritte gemacht hat, aufgrund von Körnerfunden diese Annahmen der Botaniker bestätigen können.

– *Welche neuen Erkenntnisse hat das gebracht?*

– Man hat begriffen, daß es nicht genügt, Gegenstände wie Steine oder Tongefäße zu untersuchen, so wie das früher üblich war. Genauso wichtig ist die Analyse von Pollen, Samenkörnern, alten Holzkohleresten oder tierischen Überresten ... Auf diese Weise lassen sich nicht nur die ehemaligen ökologischen Bedingungen in der Umgebung einer Ausgrabungsstätte, sondern auch die ökonomischen Verhältnisse rekonstruieren. Selbst das kleinste Detail kann aufschlußreich sein.

– *Zum Beispiel?*

– Die Reste eines Holzfeuers können uns verraten, welche Bäume in dieser Gegend gestanden haben, Knochen- oder Pflanzenreste geben uns Hinweise darauf, wer dort gegessen hat und welche Tiere oder Pflanzen er verzehrt hat ... Wenn man eine Bodenprobe mit dem Elektronenmikroskop untersucht, kann sie Aufschlüsse darüber geben, ob hier Ackerbau oder Viehzucht betrieben wurde. Eine chemische Analyse der Sedimente kann uns Daten liefern, die der Archäologie nicht zugänglich sind. Daß zum Beispiel eine bestimmte Höhle, die man bisher ohne großes Interesse betrachtet hat, früher einmal ein Schafstall war ...

VERGANGENHEIT IN JAHRESRINGEN

– *Das ist wahre Detektivarbeit ...*

– Ja. In Font-Juvénal im Languedoc hat man alte

Nahrungsreste von Raubvögeln mit den modernsten technischen Mitteln untersucht und konnte so nachweisen, daß dort ein Eichenwald abgeholzt worden ist: Man fand zum Beispiel heraus, daß die typischen Waldvögel abrupt verschwanden, daß die Insektenfresser, die offenes, sonniges Gelände bevorzugen, zugenommen haben und Feldmäuse aufgetaucht sind … Darüber hinaus können wir mit bestimmten Methoden einen Fund auf ein Jahr genau datieren. So kann man beispielsweise sagen, daß ein bestimmtes Haus 2742 Jahre v. Chr. erbaut und im Jahre 2738 wieder verlassen worden ist.

– *Auf ein Jahr genau! Wie machen Sie das?*

– Mit der von Jean Clottes erwähnten klassischen Radiocarbonmethode können wir zunächst das ungefähre Alter bestimmen. Dann präzisieren wir das Ganze mit der Methode der Dendrochronologie, also der Datierung mit Hilfe der Jahresringe der Bäume.

– *Das müssen Sie uns genauer erklären.*

– Man weiß, daß die Jahresringe der Bäume in Abhängigkeit vom jeweiligen Klima von einem Jahr zum anderen unterschiedlich dick sind. Dieser »Kalender« reicht mehr als 4000 Jahre zurück. Das verdanken wir der langlebigsten Baumart der Welt, der kalifornischen Borstenkiefer, die bis zu 4900 Jahre alt wird. Die Forscher haben die Balken antiker und mittelalterlicher Häuser untersucht und einen Referenzkatalog zusammengestellt, in dem die typische Dicke der Jahresringe bestimmter Baumarten Jahr für Jahr, Jahrhundert für Jahrhundert aufgelistet ist. Durch Vergleiche läßt sich dieses System bis ins siebte vorchristliche Jahrtausend ausdehnen. Wenn man also einen verkohlten Pfahl ausgegraben hat, kann man seine Jahresringe mit den Referenzen des Katalogs vergleichen und den Fund auf das Jahr genau datieren. Aber das funktioniert natürlich immer nur bei Holz …

GANZ EUROPA WIRD INFIZIERT

– Und mit ähnlichen Methoden kann man feststellen, wie es zur Entwicklung der Viehzucht kam?

– Auch hier ist es schwer, Wild- von Zuchtformen zu unterscheiden. Tiere in freier Wildbahn haben häufig einen robusteren Knochenbau. Wenn sich jedoch bereits eine Veränderung des Knochenbaus feststellen läßt, ist die Domestikation schon weit fortgeschritten.

– Und was macht man, wenn das nicht der Fall ist?

– Auch das Lebensalter der getöteten Tiere kann uns bestimmte Hinweise geben: Man ermittelt einerseits die statistische Verteilung des Alters erlegter Wildtiere; andererseits weiß man in etwa, wie alt die Schlachttiere aus gezüchteten Beständen wurden, bevor man sie tötete, um ihr Fleisch zu verzehren. Die Alterskurven der Populationen von wilden Tieren und von Zuchttieren sind nicht identisch. Da jedoch die Jäger der Altsteinzeit teils ganz gezielt einzelne Tiere töteten, teils bei Massenjagden zum Beispiel Wildschafe in großer Zahl erlegten, sind die Indizien unklar. Man neigt heute zu der Ansicht, daß in Zagros im Nahen Osten schon sehr früh mit der Domestikation von Ziegen begonnen wurde.

– Schlußfolgerung: Sind die wichtigsten Tierarten ebenfalls

an einigen besonders günstigen Orten im Nahen Osten domestiziert worden, dort, wo auch die Wiege des Ackerbaus steht?

– Ja, ab etwa 8000 v. Chr., vielleicht sogar noch früher, und zwar zuerst Ziegen und Schafe, dann Rinder und Schweine. Möglicherweise haben unsere Vorfahren die Viehzucht nicht allein aus Gründen der Ernährung eingeführt, sondern auch, um ganz allgemein über die Tiere verfügen zu können. Sie wollten damit womöglich ihre Vormachtstellung in der belebten Welt zum Ausdruck bringen. In jedem Fall haben sich Ackerbau und Viehzucht in derselben Gegend entwickelt. Vor allem vom Nahen Osten aus wurde ganz Europa mit dieser Errungenschaft sozusagen infiziert.

2. Szene: Naturbeherrschung

Mit den Siedlern aus dem Nahen Osten verändert sich das ganze Land. Ihre neue Kultur prägt das Angesicht Europas, die Zeit der Wilden ist vorüber. Jetzt kommen die Eroberer, die Beherrscher der Natur.

DIE MISSIONIERUNG EUROPAS

– Diese neue Idee von Seßhaftigkeit, Ackerbau und Viehzucht entwickelte sich zunächst nur an wenigen, besonders geeigneten Orten. Vom Nahen Osten ausgehend, breitete sie sich in ganz Europa aus. Schon die beiden ersten Besiedlungswellen, von denen André Langaney berichtet hat, sind von dieser Region ausgegangen. Unsere Wiege steht also in jedem Fall im Nahen Osten.

– *Unsere* Wiege, nicht die aller Kulturen. Der Westen, also Europa und Nordamerika, das sich damals noch in der »Planungsphase« befand, und in gewisser Weise auch Afrika verdanken dem Nahen Osten ihre Existenz. Dort liegen unsere Wurzeln. Aber auch die anderen Teile der Welt haben große Veränderungen durchgemacht.

– Unsere »Modernität« kam jedenfalls immer von außen.

– In den letzten Jahrzehnten hat man in diesem Zusammenhang dem Nahen Osten oft zu wenig Bedeutung beigemessen, aber so war es: Die ersten Landwirte tauchen in Europa etwa 7000 v.Chr. auf, und es ist unbestritten, daß unsere Region von der

Kultur des Nahen Ostens »missioniert« worden ist. Von dort kamen die neuen Erkenntnisse, das Know-how, wie man heute sagen würde, die Ökonomie und das neue Gesellschaftssystem.

– *War das eine Form der Kolonisation?*

– Nein, das nicht. Jede Region, die mit diesen Neuerungen in Berührung kam, setzte sich auf ihre eigene Art damit auseinander und stellte ihr die eigenen Traditionen, Glaubensbekenntnisse und Gewohnheiten entgegen. Jede Region entwickelte ihre eigene Identität. Europa übernimmt zwar das neue Wirtschaftssystem, bleibt aber im Grunde multikulturell.

IM WESTEN NICHTS NEUES

– *Gab es vor der Ankunft der bäuerlichen Siedler in Europa nichts, was diese Entwicklung spontan hätte auslösen können?*

– Wahrscheinlich nicht. Es gab kein Getreide, alles mußte erst eingeführt werden. Und es gab auch keine Viehzucht. Es existierten nur zwei Tierarten, die sich domestizieren ließen, das Wildschwein und der Auerochse. Aber es gibt kaum Hinweise darauf, daß man diese Tiere tatsächlich aus eigenem Antrieb domestiziert hat. Und dann gab es noch den Hund …

– *Den Hund! Und der war damals schon domestiziert?*

– Seit langer Zeit. Schon die Jäger der Altsteinzeit wurden von Hunden begleitet, die von einer Wolfsrasse abstammten. Sie haben zweifellos auch als Müllentsorger und … als Nahrung gedient: Man hat Spuren davon in Mahlzeiten gefunden, die ca. 9000

v. Chr. zubereitet wurden. Die ersten Hütehunde gab es allerdings erst im Mittelalter, so unglaublich es klingt. Bis zur Neusteinzeit gab es mit Ausnahme des Hundes in Europa noch kein domestiziertes Tier.

– Auch Europa wurde damals durch die Erwärmung des Klimas beeinflußt, Fauna und Flora wurden dadurch erheblich gestört ...

– Ja. Die Gletscher im Gebiet des heutigen Frankreich schmolzen, das Meer dehnte sich aus. Die Niederschlagsmengen nahmen zu. Es wurde feuchter, die Vegetation wurde üppiger, die Wiesen verwandelten sich in Wälder – zum größten Teil Eiche –, die um 7000 v. Chr. sehr dicht geworden waren. Zahlreiche Tierarten, die an das kalte Klima angepaßt waren, starben aus – so zum Beispiel das Mammut – oder zogen sich nach Norden zurück wie die Rentiere. Andere Tiere, wie Hirsche und Wildschweine, tauchen dagegen in großer Zahl wieder auf.

VON INSEL ZU INSEL

– Und die Menschen, die Ureinwohner Europas?

– Sie leben immer noch als Nomaden, genauso wie ihre Vorfahren. Manchmal lassen sie sich vorübergehend in einem Basislager nieder. Sie wohnen in provisorischen Hütten, lagern im Schutz eines Felsvorsprungs oder in Höhleneingängen. Hier und da – so zum Beispiel in Portugal oder in Dänemark – lassen sie sich auch auf Dauer nieder ... Sie jagen Hirsche, Wildschweine, wilde Rinder und Kleinwild. Sie fischen in den Seen und Flüssen, sammeln während der Regenzeit Schnecken und ernähren sich von wilden Pflanzen und in Südfrankreich vermutlich auch von wilden Gemüsesorten.

– *Und dann kommen plötzlich diese Fremden und stören ihren Frieden.*

– Diese Menschen sind im Besitz des neuen Know-hows, sie haben die Methoden des Ackerbaus gelernt, sie bringen die Samenkörner mit … Man darf aber nicht glauben, daß sie mit Gewalt direkt aus dem Nahen Osten in Europa eingefallen wären. Es hat immerhin dreitausend Jahre gedauert, bevor sich diese Kultur über ganz Westeuropa ausgedehnt hatte.

– *Eine Generation nach der anderen …*

– Ja. Die Kinder der Kinder drangen immer ein Stück weiter vor, von Palästina nach Kleinasien, von der Ägäis nach Portugal. Andere Populationen drangen bis zum Balkan vor, folgten dem Lauf der Donau und gelangten schließlich bis zur Mündung des Rheins. Das heutige Frankreich wurde gleich von zwei Seiten erobert, von Süden und von Osten. Es gab damals also ein mediterranes Frankreich und einen Teil, der von der Donau her besiedelt wurde.

– *Die ersten Siedler kamen demnach über das Meer?*

– Das Mittelmeer machte ihnen keine Angst. Seit dem Ende der Altsteinzeit beherrschten die Menschen die Technik des Schiffbaus, auch wenn die Gefährte noch ziemlich primitiv waren: oft lediglich ausgehöhlte Baumstämme. In Holland hat man Überreste eines solchen Einbaums gefunden, der etwa 8300 Jahre alt ist. Möglicherweise gab es auch schon Barken, die aus Astwerk und zusammengenähten Tierhäuten bestanden. Mit ihnen sind sie an den Küsten entlanggeschippert und haben sich sogar auf das offene Meer hinausgewagt.

– *Auf das offene Meer?*

– Lange Zeit sind sie von Insel zu Insel gefahren. An einem Ausgrabungsort auf dem Peloponnes hat man Werkzeuge aus Obsidian gefunden, also aus einem vulkanischen Gestein, das in dieser Gegend nicht vorkommt: Es stammt von der Kykladen-Insel Milos. Das beweist, daß die Menschen schon damals in der Lage waren, diese Mittelmeerinsel zu erreichen. Zypern war nachweislich schon 10000 Jahre v. Chr. von Menschen bewohnt, die dort Fische gefangen, Vögel gejagt und Muscheln gesammelt haben.

ZWEI WELTEN PRALLEN AUFEINANDER

– *Und dann kommt die Zeit, in der diese Menschen aus dem Mittelmeerraum, die Träger der neuen Kultur, auf die Ureuropäer treffen, die noch die alte Lebensart praktizieren.*

– Die ersten Neusiedler kamen von der italienischen Halbinsel und ließen sich etwa 6000 Jahre v. Chr. in der Gegend rund um das westliche Mittelmeer nieder. Sie wußten, wie man Weizen und Gerste anbaut, besaßen domestizierte Schafe, Ziegen und Rinder. Jetzt trafen sie auf Menschen, die noch in den Eichenwäldern lebten, Wildschweine jagten und wilde Pflanzen sammelten.

– *Ein Schockerlebnis?*

– Wer weiß? Vielleicht konnten sich die beiden Welten miteinander versöhnen. Es ist jedenfalls sehr wahrscheinlich, daß den Jägern und Sammlern diese neue Art zu leben so gut gefallen hat, daß sie sie schnell übernommen haben. Und sie werden sich bei den Neuankömmlingen revanchiert haben, indem sie ihnen zum Beispiel die Fundorte der Feuersteine und andere Dinge aus ihrer Welt gezeigt haben ...

– Unsere europäischen Vorfahren sind also in gewisser Weise konvertiert.

– Man weiß nicht, ob ihre Zahl größer war als die der Einwanderer. Es hängt von der jeweiligen Region ab: Bestimmte Gegenden, zum Beispiel die Küstenregionen, waren dicht bevölkert, und hier herrschte eine rege Aktivität. Waldgebiete dagegen waren nur dünn besiedelt. In Südfrankreich und Spanien hat die Agrikultur nicht direkt zur Seßhaftigkeit geführt: Dort zog man mit den Ziegenherden, die man hielt, weiter umher.

– Aber die Moderne hielt schließlich auch dort Einzug: mit dem Ackerbau.

– Sie hat sich durchgesetzt, weil diese Art zu wirtschaften eindeutig leistungsfähiger war. Reichtum, das war der fruchtbare Boden, den man urbar machte oder auf dem man Tiere weiden lassen konnte. Nach und nach kultivierte man auch die Regionen im Inneren des Landes.

DIE PIONIERFRONT

– Es kommt also zu einer regelrechten Kulturrevolution. Wie lief das Ganze ab?

– Man kann von einer »Pionierfront« reden, die nach ein paar Generationen das ganze europäische Festland erobert hatte. Im Südosten entwickelte sich etwa 7000 Jahre vor unserer Zeitrechnung ein mediterraner Lebensstil. Man gründete Dorfgemeinden und baute Holz- oder Lehmhäuser, die mitunter Sockel aus Stein hatten. Jahrhundertelang baute man immer wieder an denselben Stellen.

– In dieser Zeit überquerte dann auch die zweite Siedlerfront die Donau.

– Diese Pioniere kamen von jenseits des Balkans und mußten sich in einer ihnen völlig fremden Umgebung zurechtfinden. Dadurch waren sie gezwungen, in den gemäßigten Zonen Europas eine neue Kultur aufzubauen, die diesen Veränderungen Rechnung trug. Sie haben vor allem Rinder gezüchtet, die besser an das neue Klima angepaßt waren als die Schafe aus dem Mittelmeerraum. Sie errichteten große Wohn- und Wirtschaftsgebäude, die wie lange Scheunen aussahen – zehn mal fünfzig Meter groß –, deren Wände aus Holz und einer Mischung aus Lehm und Stroh bestanden und die auch mit Stroh oder Ried gedeckt waren. Außerdem verfügten sie über Zwischenböden, die als Tennen dienten. Häuser dieser Art wurden immer wieder gebaut, und man findet sie bis ins Pariser Becken. Diese Entwicklung erreichte Frankreich auf dem Weg über den Rhein erst relativ spät, etwa 5500 Jahre v. Chr. Überall löste die Lebensweise der Bauern die der Jäger und Sammler ab.

DER ANGRIFF AUF DEN WALD

– Aber alle diese Gebiete waren damals dicht bewaldet. Man mußte also erst einmal roden …

– Zuerst mußten die Neuankömmlinge den Wald

entweder mit der Axt oder durch Brandrodung lichten. Dort, wo sie den Boden nicht urbar machen konnten, in felsigen Gegenden, ließen sie ihre Herden weiden. Sie paßten sich also an die unterschiedlichen Standorte an und veränderten die Landschaft sehr rasch. In den Wäldern entstanden immer mehr Lichtungen, die sich auf immer größere Gebiete ausbreiteten.

– *Soll das heißen, daß man sich dieses Mal auf Dauer niedergelassen hat?*

– Einige Forscher sind der Meinung, die ersten Siedler in den gemäßigten Zonen Europas hätten eine Art von mobiler Landwirtschaft betrieben. Sie hätten sich zum Beispiel an den Ufern der Donau in kleinen Gruppen zusammengetan und den Wald um ihre Hütten herum gelichtet. Da der Boden jedoch wenig Nährstoffe enthalten habe und sehr bald ausgelaugt gewesen sei, hätten die Bauern ihre Siedlung nach einigen Jahren an eine andere Stelle verlagert, und so sei das immer weiter gegangen … Auf diese Weise soll sich eine Art Pionierfront der bäuerlichen Revolution schnell über ganz Europa ausgebreitet haben. Das ist eine alte Hypothese.

– *Und die Alternativen?*

– Manche Wissenschaftler meinen, daß all diese ersten Bauern jahrhundertelang an einem Platz geblieben seien. Sie hätten in den Tälern, in feuchten Gebieten an Flußufern oder auf natürlichen Waldlichtungen gelebt. Da sie nicht in der Lage gewesen seien, den Wald abzuholzen oder in großem Stil niederzubrennen, hätten sie sich mit kleineren Gartenkulturen zufriedengegeben. Aber es habe nicht lange gedauert, bis sie mit Hilfe der Steinaxt den Wald roden konnten, um sich auf diese Weise Platz zu schaffen ... Zur Zeit läßt sich das jedoch noch nicht entscheiden.

DAS DORF, MITTELPUNKT DER WELT

– Welche Methode die Siedler auch immer angewendet haben mögen, sie haben es jedenfalls in kurzer Zeit geschafft, die Landschaft zu verändern.

– Ja. Im Laufe des fünften Jahrtausends v.Chr. entstanden in Südfrankreich die ersten großen bäuerlichen Siedlungen. Etwa zur selben Zeit versuchte man, soweit es möglich war, alle ökologischen Nischen zu bewirtschaften: In den Bergen der Alpen und Pyrenäen trieb man die Herden zum Weiden auf die hohen Almen. Im Süden war die Ziegenzucht einer der Hauptgründe für das Verschwinden der Wälder und für die Bodenerosion. Aber man gab das Jagen und Sammeln noch nicht auf.

– Hat man diese Aktivitäten nur zum Vergnügen beibehalten?

– Eher, weil man das Wild brauchte. In manchen Regionen gab man sich nicht damit zufrieden, lediglich Haustiere einzuführen, sondern hat sogar wilde Tiere mitgebracht – Hirsche nach Sardinien und Korsika, Damwild nach Zypern –, nur um sie dann dort bejagen zu können. Die neue Kultur hat ihre Herkunft nicht vergessen. Sie verteidigt ihren Platz in der Natur. Das Wilde kommt wieder zu Ehren, wird gehegt und gepflegt.

– Nachdem die Menschen seßhaft geworden waren, sahen sie die Welt zweifellos mit anderen Augen.

– Vor dieser Zeit bestand die Welt der Jäger und Sammler aus sehr kleinen Populationen, die weit verstreut waren. Um überleben zu können, mußten sie beweglich sein. Man wanderte von einem Ort zum anderen, tauschte Erfahrungen aus, ging wieder weg und kehrte zurück ... Jetzt war das Dorf zum Mittelpunkt der Welt geworden. Sehr bald schlossen sich die ersten Gemeinden zusammen, verbündeten sich miteinander und bildeten gemeinsam eine größere Einheit. Schon jetzt zeichnet sich die Struktur der zukünftigen Gesellschaft ab.

DER MENSCH DRÜCKT DER NATUR SEINEN STEMPEL AUF

– Und in dieser kleinen Welt stehen alle in ständiger Verbindung miteinander?

– Ja, die Bauern waren in ihren Heimatregionen nicht autark. Schon gleich zu Anfang schlugen sie Pfade durch den Wald, bauten Wege und machten immer wieder neue Felder urbar. Sie hielten den Kontakt zu den benachbarten oder auch zu weiter entfernten Gemeinden aufrecht oder stellten sogar ganz neue Verbindungen her. Man hat Überreste gefunden, die diese Beziehungen beweisen: Im Languedoc fand man Steinäxte, die aus Piémont stammen, Feuersteine aus dem Tal der Rhone, Obsidian von der Insel Lipari. Das zeigt, daß die verschiedenen Gemeinden in diesem neuen Zeitalter über ein gut funktionierendes Verteilungssystem verfügt haben müssen.

– Und wie lange hat diese große Umstellung etwa gedauert?

– Die wesentlichen Veränderungen von Menschenhand nahmen zwei- bis dreitausend Jahre in Anspruch. Die südfranzösischen Wälder verwandelten sich in Niederwald, Buschland und an bestimmten Stellen auch in immergrüne Strauchheide. Der Wald wuchs natürlich wieder nach, aber der Mensch wies ihn immer wieder in die Schranken: Er brauchte das Holz oder den freien Platz. Überall, wo sich die Menschen niederlassen, verändert die Landschaft ihr Gesicht, die Wildnis weicht zurück, der Mensch drückt der Natur seinen Stempel auf.

VORÜBERGEHENDER RÜCKZUG

– Die Ideen der Neusteinzeit und die damit verbundene Lebensweise werden überall sichtbar und lassen sich nicht wieder rückgängig machen. Und es gab keine »Widerstandsnester«?

– Hier und da haben sich die Pioniere zweifellos den natürlichen Zwängen unterworfen und sind einen Schritt zurückgewichen. So konnte sich zum Beispiel im Jura der Wald zunächst gegen die ersten Siedler behaupten. Dann gewannen die Menschen die Oberhand, aber der Wald hat das Terrain zurückerobert. In den Bergen läßt sich ein Vorstoß der Bauern nachweisen, die dann jedoch – wahrscheinlich wegen der klimatischen Bedingungen – das Gebiet wieder verlassen haben. Da man das Land nicht vernünftig bebauen konnte, gab man sich geschlagen und zog sich zurück.

– Ich komme nicht umhin, Ihnen noch einmal die entscheidende Frage zu stellen: Woher wissen Sie das alles?

– Wir entnehmen eine Probe der verschiedenen Sedimentschichten und untersuchen unter dem Mikroskop Pollen der Blumen, Bäume und Gräser ... Wenn wir dann zum Beispiel feststellen, daß in einer bestimmten Schicht dieser Periode 95 Prozent der Pflanzen Eichen sind und nur fünf Prozent Gräser, während die nächste Schicht nur noch zu 20 Prozent aus Eichen besteht, kann man davon ausgehen, daß der Mensch hier in der Zwischenzeit eingegriffen hat. Dort, wo gerodet wurde, breiteten sich die typischen Kulturfolger und andere Pflanzen aus, die offene Flächen bevorzugen, und folglich finden wir heute dort die entsprechenden Pollen. Jede menschliche Aktivität hinterläßt ihre Spuren. Die Abenteuer unserer Vorfahren lassen sich leicht am Boden ablesen.

DIE HACKE UND DAS RAD

– Diese ausgedehnten Eroberungen der Natur haben letzten Endes den technischen Fortschritt beschleunigt. Schließlich haben die Menschen nicht alle großen Projekte nur mit der Steinaxt bewältigt ...

– In der Epoche der letzten Jäger und Sammler waren die Werkzeuge für die Jagd und den Fischfang sehr klein. Winzige Spitzen in geometrischen Formen, die an Holzstöcken befestigt wurden, dienten als Pfeilspitzen. Der Bogen war bereits erfunden. Mit Beginn der Neusteinzeit, nach der Entdeckung des Schleifens, wurde die Steinaxt zum Roden der Wälder eingesetzt. Mit der Zeit tauchten dann auch provisorische Werkzeuge auf, die in der Landwirtschaft benutzt wurden: der Grabstock zum Pflanzen und zum Zerstoßen von Erdklumpen, vor allem aber die

Hacke, mit der man die Erde bearbeiten konnte. Mit ihr bereitete man den Boden für die Saat auf, beseitigte Unkräuter, vorausgesetzt, der Boden war locker genug. Oft begnügte man sich aber auch mit einer einfachen Aussaat auf einem abgebrannten Waldstück.

– *Und wenn es keine Lichtung gab?*

– Dann ging man einfach an eine andere Stelle und säte dort. Erst 4000 v. Chr. entwickelte man eine effizientere Methode: den Hakenpflug, das erste Gerät, das gezogen wurde, ein Vorläufer unserer Pflüge. Damit konnte man Furchen ziehen und die Saat wieder zudecken. Nach der Hacke war das lange Zeit das wichtigste Werkzeug der Steinzeitbauern. In derselben Epoche wurde dann in Mesopotamien das Rad erfunden. Es war zu Anfang ganz einfach und massiv oder aus drei Teilen zusammengesetzt. Diese Erfindung setzte sich dann sehr schnell in ganz Europa durch.

– *Vor allem wurde auch das Töpfern entdeckt. Ist das ebenfalls ein Ergebnis der großen intellektuellen Revolution?*

– Nein, das war absolut nicht so, obwohl man das glauben könnte. Das Töpferhandwerk ist jedoch schon in der Altsteinzeit, 14000 Jahre v. Chr., im Fernen Osten erfunden worden. Schon damals hat man unten spitz zulaufende Keramikbehältnisse hergestellt, in denen Vorräte wie geräuchertes Fleisch, Fisch und Obst aufbewahrt wurden.

– *In diesem Fall hat der Nahe Osten also einmal nicht die Vorreiterrolle.*

– Es gab dort zwar die ersten Bauernhöfe, aber das Töpfern wurde hier erst 7000 v. Chr. erfunden. Von dieser Zeit an finden sich Keramikgefäße während der gesamten Besiedelungsperiode, von der wir gesprochen haben, und zwar sowohl im Mittelmeerraum als auch im restlichen Europa. Die ältesten südfranzösischen Spuren von Töpferei stammen etwa aus der Zeit des sechsten Jahrtausends v. Chr. Die Handwerker haben uns Näpfe, Töpfe und Krüge hinterlassen, die zum Teil reich verziert sind.

METALLBEARBEITUNG

– *Und das Metall? Man fragt sich, ob es nicht auch das Leben der Menschen verändert hat.*

– Die ersten Bearbeitungsversuche haben etwa 7000 Jahre v. Chr. in der Türkei, im Iran und im Irak stattgefunden. Man hat kleine Gegenstände aus Blei oder gehämmertem Kupferblech gefunden, das durchlöchert war, um es wie Perlen auf Schnüre zu ziehen. Dann erfanden die Menschen sehr bald die Methode des Erzröstens, um auf diese Weise das Metall aus dem Gestein zu lösen. Darüber hinaus versuchte man im Donaugebiet und auf dem Balkan, Kupfer zu schmelzen. Etwa 5000 v. Chr. begann man, Erz in Gruben abzubauen, um daraus massive Werkzeuge herzustellen, zum Beispiel die Klingen der Dachsbeile, die bald auch in andere Regionen exportiert wurden.

– *Man hatte es also zu einem gewissen Wohlstand gebracht und begonnen, Tauschgeschäfte zu machen?*

– Ja. Schon in der Altsteinzeit hat man Muscheln und Feuersteine ausgetauscht, die man mitunter von weither mitgebracht hatte. In der Neusteinzeit nahmen diese Tauschgeschäfte zu, denn jede bäuerliche Siedlung stand mit vielen anderen Gemeinden in Verbindung, von denen einige zum Beispiel zwar fruchtbaren Boden besaßen, in deren Nähe es aber keine geeigneten Steine zur Herstellung von Werkzeugen gab. Sie mußten also wahrscheinlich ihre Steinäxte und Feuersteingeräte importieren.

DIE ANFÄNGE DER ÖKONOMIE

– Von gewerblichem Handel konnte doch wohl noch keine Rede sein. In welcher Weise fand dieser Austausch statt?

– Es gab weder Geld noch einen allgemeinen Bewertungsmaßstab für die Tauschgüter, man besaß noch nicht einmal Waagen. Man tauschte Gegenstände mit Verwandten, Freunden und Nachbarn ... Solche sozialen Beziehungen funktionierten auf Gegenseitigkeit: Man schenkte und wurde beschenkt. Der Wert eines Geschenks ließ sich nur in moralischen Kategorien messen. Je seltener ein Gegenstand war, je weiter entfernt sein Ursprungsort lag, um so größer waren seine Bedeutung und sein Wert. Ein Dolch aus Feuerstein oder Kupfer, der von weither kam, verpflichtete den Beschenkten, sich später ähnlich aufwendig zu revanchieren.

– Gab es denn schon Menschen, die sich auf Tauschgeschäfte spezialisiert hatten? Gab es damals schon eine gewisse Arbeitsteilung?

– Nehmen wir zum Beispiel Südfrankreich. Im fünften Jahrtausend v. Chr. fand man im unteren Rhônetal hellgelbe Feuersteine von ausgezeichneter Qualität. Wenn man sie erhitzte, konnte man daraus scharfe und glatte Messerklingen herstellen. Das

Klingenschlagen war eine Arbeit für einen Spezialisten, so etwas konnte längst nicht jeder. Von der Provence über die Causses bis zu den Pyrenäen fand man diese kleinen Feuersteinblöcke, von denen damals die Messerklingen abgeschlagen wurden.

– *Was schließen Sie daraus?*

– Die Handwerker selbst sind mit dem Rohmaterial umhergezogen und haben das Endprodukt beim Kunden hergestellt. Sie hatten wahrscheinlich den anderen Mitgliedern der Gemeinde gegenüber einen besonderen Status. Die Wirtschaft dieser Gesellschaften orientierte sich noch nicht am Profit, sondern am sozialen Ansehen.

DIE MACHT DER NUTZLOSEN DINGE

– *Bestimmte Menschen übten also bereits eine gewisse Macht aus?*

– Es gab zweifellos schon damals Menschen, die eine gewisse Macht besaßen und sie auch zum Ausdruck brachten. Sie ließen sich zu diesem Zweck von Handwerkern, die darauf spezialisiert waren, Gegenstände aus geschmiedetem Metall oder aus exotischen Steinen anfertigen. Diese Gegenstände dienten ihnen als Embleme und als Zeichen ihrer Privilegien. Sie sagten etwas über ihren gesellschaftlichen Rang aus.

– *Und sonst hatten sie keine Bedeutung?*

– Sie sind zum größten Teil nutzlos. Es sind Halsbänder, Schmuckstücke, manchmal jedoch auch Waffen … In einer Höhle in Mishmar in Palästina hat man Gegenstände gefunden, die aus dem vierten

Jahrtausend v.Chr. stammen und ausgesprochen raffiniert gearbeitet sind: mit Tierbildern verzierte Kronen, Zepter, Kupfergefäße ... Bei ihrer Herstellung hat man zuerst ein Modell des Gegenstandes aus Wachs geformt und das Ganze mit einer Tonschicht umgeben. Durch ein Loch wurde dann das flüssige Metall eingefüllt, das den Platz des zuvor herausgeschmolzenen Wachses einnahm. Wenn dann zum Schluß der Ton abgeschlagen wurde, kam das fertige Metallstück zum Vorschein ...

– Eine Arbeit für einen wahren Künstler.

– Absolut. Solche Arbeiten wurden mit einer Geschicklichkeit ausgeführt, die ihresgleichen sucht, und man verwendete außerdem nur seltene Metalle. All das nur, um Gegenstände herzustellen, die nicht den geringsten praktischen Wert hatten, die als Schätze galten, mit denen ihr Besitzer lediglich seine Macht dokumentieren wollte.

– Die Macht ist also ein Zeichen von Überfluß, nicht von materieller Not ...

– Sie erfährt ihre Bestätigung durch Luxusgegenstände. Seit seiner Entdeckung hat das Metall zwei Funktionen: sowohl eine praktische als auch eine symbolische. Dazu diente vor allem das Gold, aus dem man ohnehin nur Schmuck anfertigen konnte. Metall wird nur zum Teil zur Herstellung von praktischen Gegenständen verwendet. Man findet es dagegen häufig in Grabstätten. Man wollte wohl damit zum Ausdruck bringen, daß man bereit war, etwas sehr Seltenes und Teures zu opfern. Man weihte es seinen Vorfahren. Ganz zu Anfang war das Metall nicht für den »Markt«, sondern für die Ewigkeit gedacht.

– *In gewisser Weise haben diese Dinge nicht nur etwas mit der Ökonomie zu tun, sondern auch mit der gesamten Symbolik, die sie begleitet, und mit den Machtstrukturen, die sich in der Folge entwickeln.*

– All diese Erfindungen, der Hakenpflug, das Rad und die Metallverarbeitung, sind von einem ständigen Austausch und von tiefgreifenden gesellschaftlichen Veränderungen begleitet. Es ist unmöglich zu entscheiden, ob die Technik das Entstehen von Hierarchien ausgelöst hat oder ob umgekehrt die Hierarchien schon den Keim der Neuerungen in sich trugen. Hat die Ökonomie das Gesellschaftliche ins Leben gerufen? Oder ist es umgekehrt? In dieser Periode haben sich stets beide Aspekte gegenseitig beeinflußt. Und diese neue Produktionsgesellschaft wird im Laufe der Zeit mehr und mehr die Form einer Pyramide annehmen.

3. Szene: Der domestizierte Mensch

Die Menschen sind seßhafte Bauern geworden und betrachten sich jetzt mit anderen Augen. Sie wählen Anführer und lassen sich von Experten beraten, erfinden die Arbeit, die Arbeitsteilung und die Hierarchie. Die Zivilisation ist auf dem Vormarsch.Das Goldene Zeitalter geht zu Ende.

DER MENSCH, DAS SOZIALE WESEN

– Das ist schon ein herber Schlag ins Kontor für die ersten Siedler: Sie glaubten, die Erfindung von Ackerbau und Viehzucht hätte sie aus der Abhängigkeit (von der Natur nämlich) befreit. Jetzt stellen sie plötzlich fest, daß sie gezwungen sind, alles zu organisieren, ihre Gesellschaft zu reglementieren, sich – kurz gesagt – der Tyrannei der Macht zu beugen.

– Der Mensch ist ein soziales Wesen. Es ist sehr wahrscheinlich, daß es gelegentlich auch schon vor dieser Periode so etwas wie Macht gegeben hat. Wenn sich zum Beispiel die kleinen Nomadenhorden der Altsteinzeit, die nur aus dreißig bis vierzig Personen bestanden, zu einer großen Jagd versammelten, mußte man natürlich einen Anführer wählen, der die Koordination übernahm. Seine Befehlsgewalt war vermutlich nur vorübergehender Natur und endete spätestens, wenn sich die kleinen Gruppen wieder auflösten. Die menschliche Gesellschaft war zu dieser Zeit ständig in Bewegung, und dasselbe galt auch für die Machtverhältnisse.

– Bei den Siedlern, die sich auf Dauer in einem bestimmten Gebiet niedergelassen hatten, wird es jetzt dagegen ernst. Als sich die gesellschaftlichen Verhältnisse stabilisieren, verfestigen sich vermutlich auch die Machtstrukturen.

– Ja. Die Gemeinden werden größer, also entsteht für die Menschen auch mehr Verwaltungsarbeit. Sie müssen ein Regelwerk entwickeln und lernen, sich daran zu halten. Waren es die Stärksten, die die Macht an sich gerissen haben, oder waren es eher die Redegewandten? Vielleicht wurde sie anfänglich von der Gemeinde an die Personen delegiert, die das größte Charisma hatten. Auch in dieser Beziehung entwickelte sich alles ganz allmählich, Schritt für Schritt. Die ersten Dörfer hatten nicht sehr viele Einwohner, sie bestanden im wesentlichen aus einigen wenigen Familien, und man hat wahrscheinlich damals alle Entscheidungen gemeinsam getroffen.

VOM ANSEHEN ZUR MACHT

– In den ersten Dörfern gab es also noch keine Hierarchien?

– Die ersten Siedlergesellschaften hatten noch kein Motiv, große soziale Unterschiede zu entwickeln. Jede Familieneinheit konnte zum Wohle der ganzen Gemeinde am Leben des Kollektivs teilnehmen. Ansehen war einfach eine Frage der persönlichen Ausstrahlung. Bestimmte Personen hatten die besseren Verbindungen, auch zu weiter entfernt lebenden Familien, und erhielten daher auch größere

Zuwendungen. Aber diese Autorität ist mehr oder weniger vorübergehender Natur. Wenn die Tauschgeschäfte schlechter gingen und die großzügigen Geschenke ausblieben, verlor der Betroffene unter Umständen seine Autorität und gehörte wieder zum gemeinen Fußvolk.

– *Und als die Bevölkerungszahl zunahm?*

– Mit dieser neuen Situation mußte man sich auseinandersetzen. So konnte sich beispielsweise eine Gemeinde teilen und an einer anderen Stelle ein neues Dorf gründen. Auf diese Weise blieb das System erhalten. Möglicherweise mußte man aber auch andere Formen der Macht finden, um die internen Probleme und die zunehmenden Konflikte zu lösen.

– *Und so hat man die Hierarchie erfunden.*

– Schritt für Schritt hat man eine Arbeitsteilung und ein Weisungssystem geschaffen, man geht vom Ansehen zur Macht über. Unmerklich entsteht so eine soziale Pyramide … Und die Macht liegt sehr bald in den Händen der unterschiedlichsten Menschen: Führer in Politik oder Wirtschaft, tüchtige Handwerker oder Personen, die eine Beziehung zum Spirituellen oder Übernatürlichen haben … Außerdem brachte die Seßhaftigkeit einen gewissen Wohlstand mit sich. Dank der Überschüsse aus der Landwirtschaft hatte ein Teil der Bevölkerung Zeit, sich technischen Neuerungen, dem Handwerk oder den Verwaltungsarbeiten zu widmen – also dem, was man heute als sekundären und tertiären Sektor bezeichnet.

DIE ERSTEN KLEINEN CHEFS

– *Kann man sagen, daß zwischen Macht und Seßhaftigkeit ein Zusammenhang besteht?*

– Ja. Die Entwicklung lief von den Jägerhorden, die einen Führer auf Zeit wählten, über die ersten Dorfkommunen bis zum Herrschaftsbereich eines Stammeshäuptlings, in dem es schon keine Gleichheit mehr gab. Dann war es bis zur Bildung des ersten Staates nur noch ein kleiner Schritt, und der wurde bald getan ... Im Hinblick auf diese Periode ist das zumindest die am häufigsten vertretene Theorie. Man kann sich aber auch sehr gut vorstellen, daß der Begriff der Macht schon früher in den ersten Dörfern entstanden ist: Die Verwaltung der ersten Ansiedlungen, auch wenn sie noch so klein waren, hat von Anfang an eine gewisse Aufgabenteilung erforderlich gemacht, wodurch auch der Status des einzelnen verändert wurde. Von diesem Augenblick an strukturierte sich die Gesellschaft Schritt für Schritt, und die Mächtigen konnten ihre Position immer mehr festigen. Sie gerieten zwangsläufig in Versuchung, sie für sich und ihre Erben festzuschreiben.

– *Soll das heißen, daß die Vererbung der Macht bereits in der Neusteinzeit erfunden wurde?*

– Da die Mächtigen wußten, daß sie sterblich waren, und ihnen ihre Position viele Vorteile brachte, neigten viele dazu, die Macht auf einen ihrer Nachkommen zu übertragen. In dieser Zeit entstehen Familienclans, die dem Ahnenkult huldigen.

– *Wozu sollte ein solcher Kult gut sein?*

– Um die ererbte Macht zu rechtfertigen. Wenn die eigenen Vorfahren den Grund und Boden im

Schweiße ihres Angesichtes urbar gemacht haben, ist es nur natürlich, daß man sie glorifiziert, sie in prächtigen Grabstätten beerdigt und sie zu Kultfiguren erhebt. Dadurch gewinnen auch die Nachfahren an Prestige und können ihre eigene Macht festigen. So gewährleistet die Gründerfamilie den Zusammenhalt eines Dorfes, und die Toten erhalten ihren Nachkommen die Macht.

– *Woher weiß man das alles?*

– Die Grabstätten liefern die besten Hinweise. Sie zeigen uns, daß der Ahnenkult in dieser Zeit eine allgemeine Erscheinung war. Bei der Untersuchung der Gräber lassen sich soziale Unterschiede feststellen und auch Privilegien erkennen, die einzelne Personen in der Gemeinde gehabt haben müssen.

AUCH IM TOD SIND NICHT ALLE GLEICH

– *Der Tod diente also auf der einen Seite dem Zusammenhalt des Dorfes, auf der anderen Seite schrieb er jedoch auch die ersten sozialen Unterschiede fest …*

– Ja. In der Neusteinzeit setzte sich die Erdbestattung durch. In den Teilen Europas, die von der Donau her besiedelt wurden, gab es bereits regelrechte Friedhöfe.

– *Heißt das, daß jeder Anspruch auf eine Grabstätte hatte?*

– Absolut nicht. Wenn man die Dorfbevölkerung betrachtet, stellt man fest, daß nur ein bestimmter Teil der Gemeinde in den Friedhöfen beerdigt wurde. Die anderen Toten sind womöglich eingeäschert oder einfach »weggeworfen« worden. In den Grabstätten liegt nur die Elite: die besten Jäger, die besten Tribunen – man kann es heute nicht mehr genau sagen. Die Begräbnisrituale sind uns nicht überliefert. In jedem Fall gab es dabei große soziale Unterschiede.

– *Zum Beispiel?*

– In Gräbern der Kinder vornehmer Leute hat man kostbare Gegenstände gefunden, die beweisen, daß die Privilegien von Geburt an bestanden, denn ein Kind konnte sich in der Gemeinde noch nicht durch körperliche oder geistige Leistungen ausgezeichnet haben. Im armorikanischen Gebirge wurden im fünften Jahrtausend v. Chr. die prominentesten Persönlichkeiten in eindrucksvollen Hügelgräbern beerdigt. Wenig später dienten die Megalithgräber, aus gewaltigen Steinen errichtet, demselben Zweck: Sie waren ein Sinnbild der Macht, die der Tote zu Lebzeiten besessen hatte.

– *Liegt der Ursprung dieser Megalithgräber auch im Nahen Osten?*

– Man hat vorübergehend geglaubt, daß es im östlichen Mittelmeerraum ein Volk gegeben habe, das den Gedanken der aus riesigen Findlingen gebauten Dolmengräber (Megalith heißt »großer Stein«) in Europa verbreitet habe. Das ist jedoch nicht richtig. Das Konzept der Megalithgräber stammt nicht aus dem Nahen Osten. Es entstand während bestimmter Entwicklungsstadien in verschiedenen Regionen: im Kaukasus, auf Malta, in Nordafrika und im armorikanischen Gebirge …

DIE MODE DER MEGALITHEN

– *Man hat dabei immer die berühmten bretonischen Dolmen vor Augen …*

– Mit Hilfe der Radiocarbonmethode konnten wir nachweisen, daß diese Dolmen älter sind als die aus Israel, Jordanien oder Syrien. Es waren kollektive Grabstätten mit einer Grabkammer, die man durch einen Gang erreichen konnte. Ursprünglich waren sie mit Erde bedeckt, aber heute sind oft nur noch gewaltige Steinplatten erhalten, die offenbar als Abdeckung gedient haben.

– *Bei den Kelten hat man Ähnliches gefunden?*

– Nein. Im Gegensatz zur landläufigen Meinung gab es die Dolmen schon lange vor der Ankunft der Kelten. Sie haben nichts mit der keltischen Kultur zu tun, das ist eine Erfindung der »Keltomanen« des achtzehnten und neunzehnten Jahrhunderts. Dolmen sind prähistorische Grabstätten, die man häufiger in Südfrankreich findet als in der Bretagne.

– *Und jeder weiß, daß man sie nicht mit den Menhiren, den Hinkelsteinen, verwechseln darf. Worin besteht denn eigentlich der Unterschied?*

– Menhire sind eingegrabene Steine, die zum Himmel weisen; es sind keine Grabmäler, sondern Stelen, Grenzsteine oder Denkmäler; sie markieren Orte, an denen man das Orakel befragt hat. Im Fall der parallelen Steinreihen, wie wir sie in Carnac in der Bretagne finden, glaubte man zunächst, daß es sich dabei um ein astronomisches System handele, mit dem man bestimmte Sterne anvisieren konnte. Aber das ist nur eine Hypothese. Im armorikanischen Gebirge gibt es verzierte Menhire, die älter sind als die Dolmen, andere stammen aus derselben Epoche und wieder andere sind jüngeren Datums ...

– *Warum waren die Dolmen so groß?*

– Zweifellos wollte man damit ein Gefühl der Ewigkeit zum Ausdruck bringen, man wollte sich in der Zeit verewigen. Die Steine sagen jedoch auch etwas über den Geist der Rivalität aus, der diese Epoche gekennzeichnet hat. Sie sollen Macht demonstrieren: Man markiert sein Revier, damit niemand die Grenzen verletzt. Das Land wird also durch die Grabstätten in gewisser Weise strukturiert und in Besitz genommen.

DIE ERDE UND DER STIER

– *Die ersten Dorfbewohner hatten sicher nicht mehr denselben Glauben wie ihre Vorfahren aus der Altsteinzeit. Wie schon Jean Clottes gesagt hat, kann man schlecht einen Tierkult aufrechterhalten, wenn man den Gegenstand des Kultes abends in den Stall führt.*

– Wahrscheinlich haben die Menschen, die sich inzwischen auf der ganzen Erde verteilt hatten, überall ihre eigene Religion entwickelt. Die Gottheiten waren demnach nicht austauschbar. Im Nahen Osten findet man zum Beispiel zahlreiche Darstellungen von beleibten Frauen und von Rindern, die mit Sicherheit eine religiöse Bedeutung hatten.

– *Welche?*

– Man kann sich vorstellen, daß der Stier Kraft und Männlichkeit symbolisieren sollte. Die Frau dagegen war ein Sinnbild für Erde und Fruchtbarkeit. Diese Dualität findet man häufig: Der Stier wird mit dem Gewitter oder mit dem Himmel assoziiert. Er befruchtet die Erde mit einem Blitzstrahl. Die Frau ist die Mutter Erde, die Gebärende, die den Pflanzen und den anderen Wesen das Leben schenkt. Aber hat ein Rind, das 7000 Jahre v. Chr. in Anatolien gezeichnet wurde, dieselbe Bedeutung wie das aus dem Jahre 4000 v. Chr., das in den Gräbern von Sardinien gefunden wurde? Darüber wissen wir so gut wie nichts. Hier ist es möglicherweise eine Quelle des Lebens, dort vielleicht ein Sinnbild des Todes.

– Es existiert also keine gemeinsame Religion, die mit der Revolution der Neusteinzeit aus dem Nahen Osten nach Europa gekommen sein könnte?

– Vielleicht gab es bei den ersten Bauern in Europa so etwas wie einen gemeinsamen spirituellen Hintergrund … Aber jede Zivilisation hat ihre eigenen religiösen und kulturellen Schemata hervorgebracht. In Anatolien entstanden zum Beispiel zu Beginn der agrikulturellen Revolution mit den ersten Dörfern auch die jeweiligen Heiligtümer. Darüber hinaus hat man in einigen Dörfern Schädel gefunden, die an Opferzeremonien denken lassen.

– Menschenopfer?

– Vielleicht. An manchen Orten im Südwesten des Mittelmeerraums gab es sogar Kannibalismus: Knochenfunde von Menschen und Tieren beweisen, daß beide dasselbe Schicksal ereilt hat. Hatte dieser Kannibalismus ausschließlich etwas mit der Ernährung zu tun? Oder war er Teil eines Rituals? Wollte man sich auf diese Weise die Kraft des Gegners einverleiben oder damit die Gnade einer Gottheit erbitten? Vielleicht war das Töten dieser Menschen das eigentlich Wichtige, und ihr Verzehr war einfach Teil des Bestattungsrituals, eine besondere Methode, den Körper des Opfers zu behandeln.

DIE FRUCHTBARE FRAU

– *Die allgegenwärtige Landwirtschaft muß das Kultwesen und die Traditionen doch auch stark beeinflußt haben.*

– Die Kulte sind im wesentlichen von der Landwirtschaft geprägt. Die Gesellschaften haben sich damals in gewisser Weise von den Zwängen der Natur befreit, wurden dann aber wieder auf eine andere Art von ihr abhängig, nämlich vom Regen oder von der Sonne ... Es gab Hungersnöte und Epidemien. Bei solchen Gelegenheiten hat man wahrscheinlich die zuständige Gottheit angerufen und beispielsweise um Regen gebeten, damit die Pflanzen wachsen konnten und man etwas zu essen bekam.

– *Für so etwas sind Götter immer recht gut zu gebrauchen.*

– So oder so, denn Ziel einer jeden Religion ist es, dem Alltag und dem Zweckgebundenen zu entfliehen, um sich auf die Welt und auf die Kräfte zu besinnen, die sie beherrschen. Zweifellos nimmt man das Göttliche vor allem im Hinblick auf die zyklischen Aspekte der Welt wahr: Geburt, Leben und Tod des Menschen, Geburt, Leben und Tod der Pflanzen und ihre Erneuerung im darauffolgenden Frühling ... Die Statuetten aus dieser Zeit symbolisieren eine zyklische Welt, die immer wieder erneuert werden muß.

– *Was stellen sie dar?*

– Aus der Zeit um 7000 v. Chr. gibt es zum Beispiel

weibliche Figuren in Gebärhaltung, zwischen deren Beinen das Kind bereits zu sehen ist. Das ist das Geschenk des Lebens. Als männliches Gegenstück gibt es jedoch nur Stierköpfe. Außerdem hat man Figurinen von rundlichen Frauen gefunden, die in ihren Armen kleine Gestalten halten. Sind es Kinder (Symbole der Schöpfung) oder männliche Partner (Symbole der Fortpflanzung)? Jedenfalls spielt diese zweite Figur immer eine untergeordnete Rolle.

– Es handelt sich also im wesentlichen um weibliche Figuren.

– Zumeist … Die Figurinen sind in der Regel ziemlich üppig und ein Sinnbild guter Gesundheit und Fruchtbarkeit. Viele Kulte sind auf diese Weise durch Frauengestalten symbolisiert worden: Die Frau ist die Lebensspenderin, so wie die Erde den Pflanzen das Leben schenkt. Dieses Element findet sich auch im Nahen Osten: Die Göttin-Mutter kann die Pflanzen erst wachsen lassen, nachdem sie sich mit einem männlichen Partner verbunden hat und von ihm befruchtet wurde. Von jener Zeit an faßte man die Landwirtschaft als etwas Geschlechtliches auf. In Nordeuropa findet man dagegen weniger Figurinen in diesem Stil. Offenbar wurde der Kult dort in einer anderen Weise symbolisiert.

– In jedem Fall scheint die Fruchtbarkeit das beherrschende Symbol dieser Periode zu sein.

– Ja. Für mich symbolisiert eine kleine, über 7000 Jahre alte Statuette, die man bei Ausgrabungen im Etschtal in Norditalien gefunden hat, die ganze Ideologie der Neusteinzeit: Es ist eine Frau mit großen Brüsten und einem blutig rot gefärbten Schoß, aus deren offener Scheide eine Pflanze entspringt. Die

Frau gebiert das pflanzliche Leben aus dem Blut der Regeneration ... Darin ist die ganze Neusteinzeit enthalten. Es muß jedoch auch noch andere religiöse Konzepte gegeben haben. Die einzelnen Glaubensrichtungen haben sich außerdem im Lauf der Jahrtausende zwangsläufig verändert.

– Orientiert sich die bildende Kunst, die zu Beginn dieser Periode auf Felswänden und in Höhlen erscheint, an derselben Symbolik?

– Der größte Teil der Malereien dieser Epoche stellt keine Szenen aus dem Landleben dar, wie man erwarten könnte, sondern zeigt Episoden, die sich auf die Jagd beziehen. Und die Kunst wird, wie man besonders gut bei den Ausgrabungen in Porto Badisco in Italien erkennen kann, symbolischer und abstrakter. Man erkennt Sonnen, Mäander, Kreuze und Spiralen ... Es sieht so aus, als habe man in der Kunst ein höheres intellektuelles Niveau erreicht. Die Bilder wirken esoterischer und sind für uns daher auch nicht ohne weiteres zu verstehen.

DIE PROVISORISCHE FAMILIE

– Was weiß man über die Familie in dieser Epoche? Lebte man in diesen ersten Agrargemeinden schon in Paarbeziehungen?

– Einige Forscher gehen davon aus, daß die Kernfamilie – also Mann, Frau, Kind – ein Grundelement schon der ältesten Steinzeitgesellschaft gewesen ist. Andere wiederum glauben, daß zu Anfang eine allgemeine Promiskuität vorgeherrscht hat. Wahrscheinlich gab es in der Altsteinzeit nur provisorische Familien, das heißt, man lebte nur auf Zeit miteinander.

Um die Kinder haben sich nicht nur die eigenen Eltern, sondern alle Erwachsenen der Gruppe gekümmert. Auf jeden Fall dürften sich die Familienverhältnisse mit Beginn der Seßhaftigkeit ganz allmählich verfestigt haben.

– Können uns die Anlagen der ersten Dorfgemeinden und die Aufteilung der einzelnen Zimmer eines Hauses keine Klarheit darüber verschaffen?

– Die Häuser der Neusteinzeit sind je nach Kultur und Zeit unterschiedlich groß. In Südosteuropa sind manche Behausungen sehr klein und dienten vermutlich drei bis fünf Personen als Unterkunft. Möglicherweise haben aber auch mehr Menschen darin gewohnt: Die Ethnologen kennen Stämme, in denen die Leute tagsüber im Freien leben und sich nur nachts zum Schlafen in kleine Hütten zwängen. Wurden die großen Behausungen der Neusteinzeit, die man in der Donauregion gefunden hat, von Großfamilien bewohnt, zu denen beispielsweise auch die Brüder der Frau oder die Vettern gehörten? Bestimmte Grabstätten beweisen uns, daß es schon feste Paarbeziehungen gegeben hat. Aber auch Polygamie ist möglich gewesen. Man darf nicht vergessen, daß zu dieser Zeit viele Gesellschaftsformen nebeneinander existierten. Wahrscheinlich gab es kein allgemein verbindliches Familienmodell.

– Sie haben von der Frau als Symbol der Fruchtbarkeit gesprochen, vom Mann-Stier, dem ewigen Jäger … Das läßt doch auf eine Ungleichheit zwischen den Geschlechtern schließen.

– Oft wird behauptet, daß die Männer in den Zeiten der Jäger und Sammler auf die Jagd gegangen seien und die Frauen Früchte gesammelt hätten. Schwangerschaften und die anschließende Betreuung der Kinder hätten sie gezwungen, ein Leben in Ruhe und Beschaulichkeit zu führen. Der Mann dagegen verkörperte dieser Auffassung zufolge Mobilität und Aktivität ... Aber das sind Klischeevorstellungen. Als die Menschen seßhaft geworden waren, mußten sowohl die Männer als auch die Frauen auf den Feldern arbeiten und das Vieh versorgen. Der Mann hatte also kaum noch Zeit, auf die Jagd zu gehen. Die Frauen hatten von Anfang an eine engere Beziehung zu den Pflanzen, während der Mann sich eher zu den Tieren hingezogen fühlte. Aber man darf auch das nicht verallgemeinern. Bei der Untersuchung der Gelenke und Knochen bestimmter Skelette, die man in Abu Hureira in Syrien gefunden hat, konnte man feststellen, daß diese Menschen lange in gebückter Haltung gearbeitet haben müssen, um zum Beispiel das Korn zu mahlen. Und an diesen Hausarbeiten waren nicht nur die Frauen, sondern auch die Männer beteiligt.

MACHT DER MÄNNER, MACHT DER FRAUEN

– Weiß man heute, wer damals die Macht hatte, die Männer oder die Frauen?

– In der Landwirtschaft bekamen die Frauen eine größere Bedeutung. Sie waren das stabilisierende Element im gesellschaftlichen System. Es soll sogar eine Art Matriarchat gegeben haben, aber die Anthropologen sind in dieser Frage ziemlich vorsichtig geworden. In den meisten Gesellschaften der Jäger und Sammler, die man untersuchen konnte, lag die Macht in den Händen der Männer ... Die typischen

Darstellungen aus der Neusteinzeit zeigen die Frau als Quelle des Lebens, aber das heißt noch nicht, daß sie auch gesellschaftliche Macht besaß.

– *Sagen die berühmten Grabstätten nichts über die komplexen Beziehungen zwischen den Geschlechtern aus?*

– Häufig scheinen dort die Männer zu dominieren. In Latium hat man in einer fünftausend Jahre alten unterirdischen Grabkammer eine männliche Person gefunden, die majestätisch mit Köcher, Sattel, Trinkschale und Dolch bestattet wurde. Etwas abseits, an der Wand, liegt eine zusammengekrümmte Frau mit zertrümmertem Schädel. Man kann daraus schließen, daß sie ihrem Herrn und Meister ins Jenseits folgen mußte ... Wir kennen jedoch auch Gegenbeispiele. In den berühmten Königsgräbern von Ur in Mesopotamien, die fast genauso alt sind, ist eine Königin in majestätischer Haltung aufgebahrt, umgeben von unglaublichem Reichtum, darunter die schönsten Einrichtungsgegenstände, die man je gefunden hat. In der Grabanlage liegen mehrere Dutzend Personen, die ihr in den Tod folgen mußten. Es gab also offensichtlich in den verschiedenen Kulturen und Epochen unterschiedliche Auffassungen.

– *Die fruchtbare Frau, Entdeckerin der Landwirtschaft, Mutter der Zivilisation ... Das ist ein schöner Mythos! Tatsächlich nur ein Mythos?*

– Die Feministinnen der siebziger Jahre haben sich ausführlich mit diesem Thema beschäftigt. Ihrer Meinung nach war die Landwirtschaft eine Entdeckung der Frauen, die in der damaligen Gesellschaft eine entscheidende Rolle gespielt haben müssen. Sie sicherten die Stabilität, wenn nicht sogar das Überleben der Dörfer. Im Gegensatz dazu war die Jagd eher vom Zufall abhängig. Die Neusteinzeit war ihrer Meinung nach das Goldene Zeitalter der Frau. Der Mann habe erst später wieder die Oberhand gewonnen. Das Patriarchat habe sich erst etablieren können, als im Zusammenhang mit bestimmten Techniken die reine Körperkraft wichtiger wurde. Die Arbeit mit dem Hakenpflug und die Viehzucht waren eher etwas für den starken Mann. Aber das ist alles bloße Spekulation.

– *Was ist denn Ihre Auffassung?*

– Anthropologische Untersuchungen belegen: Selbst in Gesellschaften mit weiblicher Erbfolge halten die Frauen nicht die absolute Macht in Händen. Ich glaube eher, daß zwischen den beiden Polen maskulin und feminin ein gewisses Gleichgewicht geherrscht hat. Die Macht beschränkte sich nicht auf das eine oder andere Geschlecht, sondern eher auf die Familie, die Linie. Jedenfalls finden weder die Feministinnen noch die Machos in der Neusteinzeit eine Rechtfertigung für ihre Ansichten.

DIE ERSTEN MASSAKER

– *Man kann sich vorstellen, daß damals durch die Aufteilung des urbaren Landes erstmals Eigentum in großem Stil, nämlich Grundbesitz entstanden ist. Und die Menschen entdeckten die Eifersucht, den Neid, Streitigkeiten, Konflikte und den Krieg …*

– Noch keine Kriege mit Soldaten und Armeen, die tauchen zum erstenmal im dritten Jahrtausend v. Chr. in Mesopotamien auf. Aber natürlich gab es Konflikte: Die einen wollten sich den Besitz oder das

Territorium der anderen aneignen, die anderen wollten sich womöglich für eine Beleidigung oder Demütigung rächen. Die Schwierigkeiten begannen, als die Menschen sich niedergelassen hatten und zahlreicher geworden waren. Der seßhafte Mensch mußte sich mit kleineren Jagdrevieren begnügen. Es kam zwangsläufig zu Meinungsverschiedenheiten und Reibereien ...

– *Sind noch Spuren dieser Konflikte erhalten?*

– In einem Gräberfeld am Dschebel Sahaba im Sudan, das 11000 v. Chr. angelegt wurde, hat man etwa sechzig Skelette gefunden, von denen vierundzwanzig von Pfeilen durchbohrt worden waren, manche gleich von mehreren ... Und in Deutschland hat man in einer 7000 Jahre alten Grabstätte dreiunddreißig Personen – Männer, Frauen und Kinder – gefunden, denen man die Schädel mit Steinäxten zertrümmert hatte ... Eines ist sicher, in der Neusteinzeit haben die Menschen ernsthaft damit begonnen, sich die Köpfe einzuschlagen. Aber ob es sich im einzelnen Fall um ein Massaker oder um eine Opferzeremonie gehandelt hat, ist umstritten.

– *Jedenfalls hatte man in dieser Epoche keine besonders hohe Lebenserwartung.*

– Vor allem die Kindersterblichkeit war sehr hoch. Nach Meinung einiger Anthropologen ist ein Viertel der Kinder bereits bei der Geburt gestorben, und ein weiteres Viertel hat das zehnte Lebensjahr nicht erlebt. Die durchschnittliche Lebenserwartung war nicht sehr hoch, sie lag bei etwa dreißig Jahren. Man weiß allerdings, daß manche Leute sechzig, mitunter sogar siebzig Jahre alt geworden sind. Die Menschen lebten damals in unhygienischen Verhältnissen, oft mit den Tieren unterm selben Dach. Krankheiten wie Pocken, Tuberkulose, Brucellose und Typhus breiteten sich leicht aus ... Sie litten außerdem an Arthrose, einer typischen Krankheit der Landbevölkerung, die sich in dieser Epoche entwikkelt hat. Und sie hatten Karies ...

– *Haben sie sich behandelt?*

– Weiches Körpergewebe zerfällt rasch; wir können nur die Knochen untersuchen. Die Menschen von damals wußten, wie man einen Bruch schient, damit der Knochen wieder zusammenwächst. Und sie haben rätselhafte Trepanationen durchgeführt, also Löcher in die Schädeldecke gebohrt. Wollten sie damit etwa epileptische Anfälle oder Kopfschmerzen kurieren? Oder hatte der Eingriff eher etwas mit einer rituellen Handlung zu tun? Eines ist jedenfalls sicher: Man hat oft trepaniert, und viele der Patienten haben überlebt, denn an einigen der untersuchten Schädel läßt sich Vernarbung nachweisen. In einen Schädel hat man sogar nach dem Tod noch ein zweites Loch gebohrt, vermutlich aus Neugier, um die Todesursache festzustellen. Die Chirurgen dieser Zeit besaßen also bereits so etwas wie Forschergeist.

DER STAAT ZEICHNET SICH AB

– *Wann ging die große neusteinzeitliche Umwälzung zu Ende, von der wir gerade gesprochen haben?*

– Sie vollendete sich im dritten Jahrtausend v.Chr.: In Mesopotamien erfanden die Sumerer die Schrift. In Ägypten konzentrierte sich die Bevölkerung an den Ufern des Nils, und hier entstand auch die erste pharaonische Zivilisation. Das war der Beginn der Frühgeschichte, die von den Archäologen in mehrere aufeinanderfolgende Perioden eingeteilt wird: in die Kupferzeit (viertes und drittes Jahrtausend v. Chr.), die Bronzezeit (von 2200 bis 800 v. Chr.) und die Eisenzeit (ab 800 v. Chr.) ... Aber diese Einteilung ist nicht sehr sinnvoll. In Wirklichkeit gingen die einzelnen Perioden nahtlos ineinander über. Es handelt sich also immer noch um ein und dieselbe Geschichte.

– *Auch um dieselbe Lebensweise?*

– Grundlagen der Wirtschaft sind weiterhin Akkerbau und Viehzucht. Die Lebensweise wird jedoch immer aufwendiger. Im östlichen Mittelmeerraum baut man Paläste und Festungen, um die Macht der Gemeinden zu demonstrieren, deren Hierarchien immer ausgeprägter werden und deren Bewohner sich in zunehmendem Maße spezialisieren. Es gibt jetzt Menschen, die nicht mehr in der landwirtschaftlichen Produktion tätig sind, sondern nur noch zum Beispiel Metall, Ton, Stein oder Tierhäute bearbeiten ... Und an der Spitze der sozialen Pyramide steht ein Herrscher, der für die Verteilung der Nahrungsmittel sorgt und Konflikte beilegt. Hier zeichnet sich bereits ein Staat ab.

MAN STREBT NACH GLEICHHEIT

– *Allein die Tatsache, daß man sich in einem bestimmten Gebiet niedergelassen hatte, in dem es dann zu einer größeren Bevölkerungsdichte kam, hat schon gereicht, um Machtkonzentration und Ungleichheit hervorzubringen?*

– Ja. Aber man muß sich fragen, ob es sich dabei nicht bereits um eine Wiederkehr der Ungleichheit zwischen den Menschen handelt.

– *Wieso Wiederkehr?*

– Erinnern wir uns noch einmal an die ferne Vergangenheit, an die ersten Menschen der Altsteinzeit. In der ungebändigten Natur, in der sie gelebt haben, gab es absolut keine Gleichheit. Die Menschen unterwarfen sich freiwillig gewissen Regeln, respektierten bestimmte Tabus und unterschieden sich so von der Welt der Tiere. Die Ergebnisse der vergleichenden Ethnologie lassen vermuten, daß diese kleinen Horden von Jägern und Sammlern untereinander sehr solidarisch gewesen sind. Dem Jäger, der das wilde Tier getötet hatte, gebührte die Ehre, und er gab seinen Artgenossen von seiner Beute ab ... Dieses Teilen ist eine absolute Notwendigkeit, es schafft Sicherheit, denn schon am nächsten Tag kann ein anderer ein Tier erlegt haben, und es ist gut, wenn auch er mit den anderen teilt.

– *In dieser Welt voller Ungleichheit haben die Menschen also die Gleichheit erfunden, die ihnen später wieder abhanden kommen wird ...*

– Ja. Das Anrecht auf Gleichbehandlung wird von den Menschen geschaffen. Sie wollen sich damit von der Ungleichheit absetzen, die in der Welt der Tiere herrscht und zu der natürlich auch das menschliche Tier tendiert. Die Gemeinschaften der Jäger stellten eine solidarische Gesellschaft dar, die dafür sorgte, daß nach Möglichkeit die Bedürfnisse aller befriedigt wurden. Aus diesem Grund konnten hier auch keine großen Standesunterschiede entstehen. Nach der Gründung der ersten Dörfer und der damit verbundenen Steigerung der Produktion gewann die Ungleichheit wieder die Oberhand …

ES HAT SICH NICHTS GEÄNDERT

– Nachdem man die Natur gebändigt hatte, versuchte man, auch den Menschen zu zähmen … So gesehen ist die Neusteinzeit also eine Art Rückschritt?

– Das ist zu befürchten. Man muß sich einmal die Menschen dieser Zeit vorstellen: Sie verstehen sich als Herren über die belebte Natur, sie züchten Pflanzen und zähmen die Tiere, in gewisser Weise beherrschen sie also die Natur … Ich habe das Gefühl, daß ihnen das alles ein wenig in den Kopf gestiegen ist. Sie haben Geschmack am Wettbewerb gefunden, sie sehen sich selbst als Sieger, als Eroberer. Und sie sind in Versuchung geraten, dieselben Herrschaftsprinzipien auf ihre eigene Art anzuwenden.

– Aber sie haben keine Chance, wieder umzukehren. Der Mensch ist nun einmal in dieses Räderwerk geraten …

– Die Geschichte verläuft nie linear. Es gibt immer wieder Phasen einer positiven Entwicklung, aber natürlich auch Krisen. Um das Jahr 3800 v. Chr., als Mesopotamien seiner Blütezeit entgegenging, erlebte Zypern seinen Niedergang, seine Dörfer verfielen, und die Bevölkerungszahl nahm ab. Die Grundidee der Neusteinzeit ist dagegen unumkehrbar. Ackerbau und Viehzucht werden nie wieder rückgängig zu machen sein. Dasselbe gilt für die Seßhaftigkeit, die die Macht festigte und den Menschen zu Wohlstand verhalf.

– *In gewisser Weise haben Sie eine Epoche beschrieben, in der der Mensch zwar die Natur bezwungen, aber seine Freiheit verloren hat.*

– Schon die ersten bäuerlichen Gesellschaften waren recht stark gegliedert. Die Menschen sind sehr schnell voneinander abhängig geworden. Die Dörfer haben sich rasch zu Verbänden mit kleinen regionalen »Hauptstädten« zusammengeschlossen. Das sind die Vorläufer der späteren Städte, in denen sehr bald Märkte entstanden und die zu Kultstätten und Orten der Begegnung wurden. Hier begegnete man Spannungen zum Beispiel durch Eheschlüsse und andere Bündnisse. Immer wieder kam es jedoch auch zu größeren Konflikten, Kriege wurden organisiert. Letzten Endes beweist der Mensch schon zu dieser Zeit, daß er zu allem fähig ist, im guten wie im bösen. Und seitdem hat sich in unserer Welt kaum noch etwas verändert.

Epilog

Und wie geht es jetzt weiter? Inwieweit hat sich das Säugetier Mensch wirklich von seiner Natur befreit? Haben wir mit der Vorgeschichte tatsächlich schon abgeschlossen? Eine beunruhigende Frage ... Wissen wir, wie unsere »schönste Geschichte« weitergeht?

MISCHUNG BRINGT VIELFALT

– DOMINIQUE SIMONNET: *Zehntausende von Jahren haben aus uns das gemacht, was wir heute sind. Wir haben über die Vielfalt der Völker gesprochen, die in der Vorgeschichte entstanden ist. Zerstört die Globalisierung, die große Durchmischung nun dieses weite Spektrum?*

– ANDRÉ LANGANEY: Nein, man kann das nicht verallgemeinern, das wäre falsch. Zur Zeit sind weniger als zehn Prozent der Weltbevölkerung von diesen Umwälzungen betroffen. Lediglich sechshundert Millionen Menschen leben in Regionen, in denen sich die Rassen mischen: vor allem in den großen Städten und in Gebieten, in die man früher Sklaven verschleppt hat, also zum Beispiel in Brasilien oder am Indischen Ozean, eben dort, wo sich die verschiedenen Populationen im Laufe der Geschichte unfreiwillig begegnet sind. Alle anderen haben sich nicht vom Fleck gerührt, sondern leben gemeinsam mit ihren Mitbürgern seit langem am selben Ort.

– Doch diese Situation scheint sich zur Zeit zu ändern …

– Ja, wegen der immer stärker wachsenden Großstädte. Aber die Städte mit der höchsten Einwohnerzahl, zum Beispiel in China oder Indien, sind lokale Schmelztiegel, nicht globale. Die Städte, in denen es tatsächlich zu einer internationalen Durchmischung kommt, sind in der Minderzahl.

– Man hört oft, daß die menschliche Bevölkerung mit der Zeit immer mehr einander ähnliche Mischlinge hervorbringen werde, sozusagen eine Art Milchkaffee …

– Das ist ein weiterer Irrtum. Die Analogie ist falsch: Man glaubt, wenn man Weiß und Schwarz mische, bekomme man eine Art Milchkaffee, also farblich einen schönen Zwischenton. Das mag stimmen, solange man die Mischlinge der ersten Generation betrachtet, deren Hautfarbe häufig etwa in der Mitte zwischen der ihrer beiden Elternteile liegt. Aber jeder Genetiker weiß nur zu gut, daß in der zweiten Generation in der Regel wieder die Züge der Großeltern zum Vorschein kommen, das heißt, durch die Neukombination der elterlichen Gene treten auch wieder Merkmale in Reinform auf.

– Wohin wird das letzten Endes führen?

– Wenn man wissen will, welche Langzeitwirkungen diese Mischungen haben, braucht man sich nur die Brasilianer anzuschauen. In deren Genen befindet sich eine schwache Komponente der amerikanischen Indianer, eine stärkere afrikanische und eine sehr starke europäische. Oder nehmen wir die Einwohner der Inseln im Indischen Ozean. Vor langer Zeit hat man viele Sklaven aus Afrika, Indien und dem Fernen Osten dorthin verschleppt. Und was können wir heute feststellen? Hier ist keineswegs ein Mischlingstyp entstanden, dessen Hautfarbe uns an Milchkaffee erinnert. Wir finden vielmehr Menschen mit Merkmalskombinationen, die es so in der ursprünglichen Population nicht gegeben hat: zum Beispiel blondes Kraushaar oder blaue Schlitzaugen …

– *Die Mischungen sind also nicht einheitlich?*

– Im Gegenteil. Die These, daß ein Mischling einen Zwischentypus darstellt und daß die ursprünglichen Typen zugunsten einer gewissen Einheitlichkeit verschwinden, stimmt nicht. Zwei Allele eines Gens – zum Beispiel die Varianten »blau« und »braun« des Merkmals Augenfarbe – mischen sich nicht wie Farben in einem Topf zu einem Mittelton. Die Erbanlagen verschmelzen nicht unwiederbringlich, sie bleiben erhalten und werden in jeder Generation neu miteinander kombiniert, so daß es stets zu neuartigen Verbindungen kommt. Die Rassenmischung vergrößert die menschliche Vielfalt, sie verringert sie nicht.

STERBENDE SPRACHEN

– *Das ist eigentlich eine gute Nachricht. Die menschliche Vielfalt bleibt demnach nicht nur erhalten, sondern vergrößert sich sogar noch. Wie ist das mit einer anderen menschlichen Spezialität, über die wir gesprochen haben: mit der Vielfalt unserer Sprachen?*

– In diesem Fall gibt es eine schlechte Nachricht. Die Anzahl der lebenden Sprachen schrumpft dramatisch. Und wir alle sind mit dafür verantwortlich, daß sich ihr Niedergang immer weiter beschleunigt. Wahrscheinlich sind im Laufe unserer Geschichte schon viele Sprachen verschwunden. Die Kultur der Kolonialherren hat die der Eingeborenen mitunter so stark unterdrückt, daß sie nahezu vollständig untergegangen ist. Heutzutage verschwinden jedoch mehr Sprachen als je zuvor.

– *Wegen der Globalisierung?*

– Sicher. In der Neusteinzeit hatte jedes Dorf seinen eigenen Dialekt, den jeweils nur etwa fünfhundert Leute beherrschten. Heute haben sich die Mittel und Wege der Kommunikation völlig verändert. Das Fernsehen hat die lokalen Dialekte verschwinden lassen, sogar die großen Unterschiede zwischen Nord und Süd sind verwischt worden. Selbst wenn in irgendeiner kleinen Ecke im östlichen Senegal oder anderswo zweitausend Leute ihren Dialekt beibehalten haben, wird dieser sehr bald das Schicksal des Bretonischen oder Baskischen erleiden, Sprachen, die nur noch als Kulturdenkmäler überlebt haben, aber im Alltag keine große Rolle mehr spielen. Und dieses Phänomen läßt sich in allen Teilen der Welt beobachten. Nutznießer sind einige wenige Sprachen, die uns die Möglichkeit bieten, uns auf Reisen zu verständigen, uns zu informieren und in der Welt von heute zurechtzukommen.

– *Und wie wird das weitergehen?*

– Sprachen, die nur von wenigen Menschen gesprochen werden, sind zum Aussterben verurteilt. Einige Linguisten gehen sogar so weit zu sagen, daß 95 Prozent der heutigen Sprachen verschwinden werden. Das kann unter Umständen ganz schnell gehen. Sicher ist, daß die Fähigkeit, mit einer möglichst großen Zahl von Menschen zu kommunizieren, überall auf diesem Planeten immer wichtiger wird. Daher werden einige wenige Konkurrenten das Feld unter sich aufteilen: Englisch, Chinesisch, Russisch, Arabisch und bestimmte indische und afrikanische Verkehrssprachen.

MENSCHENRECHTE GEHEN VOR

– Man kann also feststellen, daß unsere kulturelle Vielfalt bedroht ist, nicht jedoch unsere biologische.

– Solange man nicht ganze Völker ausrottet, sind unsere Gene nicht in Gefahr. Es besteht jedoch die Tendenz, unsere Lebensweisen, die Kulturen dieser Welt zu vereinheitlichen. Ich glaube jedoch, daß sie eine ungeahnte Widerstandskraft haben. Schließlich haben wir die Mittel, um diese Vielfalt zu erhalten. Wenn wir es nur wollen …

– Aber will man das?

– Für die Wissenschaftler ist der Verlust der kulturellen Vielfalt ein außerordentlich negativer Vorgang. So haben die Ethnologen das Gefühl, daß ihnen ihr Untersuchungsgegenstand nur so durch die Finger rinnt … Aber niemand kann sich wirklich wünschen, daß bestimmte Völker immer noch so leben wie unsere Vorfahren vor fünftausend Jahren oder wie die Aborigines sogar noch in diesem Jahrhundert, also ohne jede medizinische Versorgung und ohne Zugang zur modernen Technik. Und das alles nur unter dem Vorwand, ihre alte Kultur retten zu wollen. Die Zeiten, als man noch geglaubt hat, man könne Menschen in Reservaten leben lassen, sind endgültig vorbei. Kein Mensch möchte heute noch wie in der Steinzeit leben. Wenn sich die Menschen frei entscheiden könnten, würden sie immer die Neuzeit wählen, und die ist zwangsläufig mit einem Verlust der kulturellen Vielfalt verbunden.

– Ist es ein besonderer Luxus der westlichen Menschen, der verlorenen Vielfalt nachzutrauern?

– Ja. Man darf die menschliche Vielfalt nicht zur Religion erheben und so tun, als sei alles, was anders, exotisch oder einmalig ist, besonders gut und erhaltenswert. In allen Kulturen der Welt gibt es Verhaltensweisen, die man als unmenschlich bezeichnen und gegen die man angehen muß. Man kann nicht im Namen der kulturellen Vielfalt zulassen, daß Dieben die Hände abgehackt oder Kindern die Geschlechtsteile verstümmelt werden ... Nichts kann den Mißbrauch anderer Menschen rechtfertigen. Und wir sind auch nicht verpflichtet, Menschen zu respektieren, die sich unmenschlich verhalten. In gewisser Weise untersuchen wir zur Zeit, wie kompatibel die einzelnen Kulturen sind. Wir sind auf dem Weg zu einer gemeinsamen Kultur mit Regeln und Gesetzen, die von internationalen Organisationen gestützt werden. Die Menschenrechte sind universell – auch wenn darunter die Vielfalt leidet.

IDEEN AUS DER VORGESCHICHTE

– Steht die Wissenschaft angesichts solcher Probleme moralisch in der Pflicht?

– Diejenigen, die der Wissenschaft dienen oder deren Erkenntnisse weitervermitteln, haben der Gesellschaft gegenüber eine gewisse Verantwortung.

Wenn zum Beispiel bestimmte Personen aus ideologischen Gründen die Mär verbreiten, die Franzosen oder die Deutschen stürben aus, sind wir verpflichtet, dies als Lüge zu entlarven. Wenn die extreme Rechte beispielsweise behauptet, es gebe so etwas wie Rassen, die sich im Hinblick auf ihre Fähigkeiten voneinander unterschieden, müssen wir uns dagegen wenden und erklären, daß eine solche These wissenschaftlich unhaltbar ist.

– Die Rechten sind leider nicht die einzigen, die solche Vorurteile haben.

– Nein. Selbst eine Organisation wie das FBI versucht heute noch, genetische Merkmale zu finden, mit deren Hilfe man die »Rasse«, also die ethnische Zugehörigkeit eines Menschen bestimmen kann. So etwas gibt es auch in Frankreich. Vor einiger Zeit wurde ich von Spezialisten des Polizeilabors gebeten, eine Genanalysemethode zu entwickeln, anhand derer man Menschen maghrebinischer Herkunft identifizieren kann. So etwas ist einfach absurd. Das Mittelmeer war nie ein unüberwindliches Hindernis zwischen Nordafrika und Europa, sondern eher ein Bindeglied. Seit achttausend Jahren hat man es mit Schiffen überquert, und die Bevölkerung beider Kontinente hat sich in unglaublicher Weise durchmischt ... Die Technik hat seit der Steinzeit enorme Fortschritte gemacht, aber die Ideen der Leute sind zum Teil noch von damals!

– Auch wenn das Wort »Rasse« jeder wissenschaftlichen Grundlage entbehrt, ist es doch immer noch im täglichen Sprachgebrauch zu hören.

– Ja, und die Wissenschaftler werden daran nichts ändern können. Mit diesem Wort meint man ja nicht nur die Hautfarbe, sondern auch die Art, wie sich jemand kleidet, wie er sich schmückt, wie er sich benimmt, wie er sich bewegt. Niemand kann ernsthaft behaupten, ein Eskimo sehe einem Pygmäen zum Verwechseln ähnlich. Körperlich sind sie total verschieden. Aber die Grenzen zwischen ihren körperlichen Merkmalen sind nicht starr; es gibt alle möglichen Übergangsformen. Vielen Leuten fällt es schwer zu begreifen, daß die körperliche Erscheinung kein sinnvolles Kriterium zur rassischen oder genetischen Kategorisierung darstellt. Ich habe zum Beispiel einen tunesischen Freund, er ist Muslim und spricht arabisch. Wenn man ihn auf der Straße trifft, könnte man ihn für einen Iren halten. Er hat rotes Haar, eine sehr blasse Haut und viele Sommersprossen. Da er Immunologe ist, hat er bei sich selbst ein paar Tests durchgeführt und festgestellt, daß er ein Gen besitzt, das angeblich nur bei Schwarzafrikanern vorkommt! Also da haben wir einen Herrn, der nordwesteuropäisch aussieht, dessen Blut afrikanische Komponenten enthält, der in Wirklichkeit aber Tunesier ist. Und außerdem ein guter Immunologe ...

– *Und die Moral von der Geschicht: Verlassen Sie sich nie auf das Äußere. Aber man kann natürlich nicht jedesmal einen Wissenschaftler fragen ...*

– In der Tat. Aber wir sind schließlich auch noch Bürger. Wir leben in einem Land, das sich auf bestimmte Prinzipien beruft. Unsere Verfassung sagt unmißverständlich, daß man in unserer Gesellschaft niemanden wegen seiner ethnischen Zugehörigkeit, wegen seines Glaubens, seiner Herkunft oder seines kulturellen Hintergrundes benachteiligen darf ... Barrieren, die die Akzeptanz von Fremden verhindern sollen, sind ebenso abzulehnen wie die Scheinkriterien der Rassenzuordnung. Wir alle müssen gemeinsam dagegen angehen, jeder von uns ist mit dafür verantwortlich.

HABEN SIE VON FORTSCHRITT GESPROCHEN?

– Wenn man das geschäftige Treiben des Tieres Mensch am Ende unseres Jahrtausends betrachtet, könnte man glauben, wir lebten immer noch in der Vorgeschichte. An welchem Punkt dieser erstaunlichen Geschichte des Menschen sind wir heute angelangt? Wenn Sie mal einen Blick zurückwerfen, glauben Sie dann immer noch, daß man von Fortschritt sprechen kann?

– Dank der modernen Technologien sind die Möglichkeiten, unsere Kultur weiterzugeben, in schier unglaublicher Weise gewachsen. Wenn man von Fortschritt spricht, meint man eine Absicht oder eine Orientierung an bestimmten Werten. Aber was kann »Fortschritt« sonst noch bedeuten? Wenn man ihn genetisch definiert, sind uns die Algen und Schmetterlinge voraus, sie haben mehr DNS entwickelt als wir. Wenn man die Gesamtmasse aller Angehörigen einer Art betrachtet, sind die Regenwürmer erfolgreicher als die Menschen.

– Reden wir also über die Fähigkeit, sich von der Natur unabhängig zu machen und sie zu verändern …

– Es ist durchaus nicht auszuschließen, daß bestimmte Arten die Natur in einer anderen Epoche stärker beeinflußt haben als wir. Die ersten Pflanzen haben die Zusammensetzung der Atmosphäre verändert. Sie haben den Sauerstoff geliefert, durch den das tierische Leben erst möglich wurde. Jedenfalls sind wir zur Zeit ziemlich intensiv damit beschäftigt, unseren Planeten zu verwüsten ... Typisch menschlich ist nicht nur die grammatisch gegliederte Sprache und unsere Vielseitigkeit, sondern auch die Fähigkeit, etwas zu planen, vorwegzunehmen. Und das Planen ist nicht mehr nur eine Reaktion auf innere und äußere Zwänge, sondern beinhaltet die Möglichkeit, sich von den Fesseln der Natur zu befreien, anders zu leben. Der Mensch hat die Kontrolle, er fällt Entscheidungen, er erfindet die Gesellschaft. Eine solche Wahlmöglichkeit muß natürlich allen Bewohnern unseres Planeten zugänglich sein, und davon sind wir leider noch weit entfernt.

– *Glauben Sie, daß das eines Tages der Fall sein wird?*

– Ich habe in dieser Beziehung eher eine pragmatische Einstellung. Einerseits kann man feststellen, daß die Menschen über die Grenzen ihrer politischen, kulturellen oder biologischen Herkunft hinweg in der Lage sind, miteinander zu kommunizieren, ihre Ressourcen, ihr Wissen und ihre Erkenntnisse zu teilen. Andererseits weiß man aber auch, daß bereits große Teile der Kontinente von unseren Artgenossen zerstört und entvölkert worden sind. Die Fähigkeit und der Wille, den Nachbarn anzugreifen und ihm alles wegzunehmen, sind in allen Gesellschaften und Kulturen stark ausgeprägt. In jenen Zonen, in denen die Menschen im Wohlstand leben, währt der Friede oft am längsten. Man muß versuchen herauszufinden, warum die Menschen sich ständig gegenseitig bekämpfen, statt friedlich zusammenzuarbeiten. Das wäre ein gemeinsames Projekt für das neue Jahrtausend.

ZEUGNISSE DER GEDANKENWELT

– DOMINIQUE SIMONNET: *Wie André Langaney sagt, bestand das Projekt Mensch lange Zeit vor allem darin, sich von der Natur zu befreien. Aber wir haben sie auch mit Hilfe der Phantasie, der Kunst und der Religion transzendiert ... Hat diese erste Kultur unserer Vorfahren auch heute noch Auswirkungen auf uns?*

– JEAN CLOTTES: Aber sicher. Im Hinblick auf unser Gehirn, unser Verhalten und die vielfältigen Einstellungen unserer Umwelt gegenüber unterscheiden wir uns nicht von unseren Vorfahren: Vielfalt in der Einheit, das ist das Hauptmerkmal der Spezies Mensch. Und wir sind über unsere Vorstellungskraft mit ihnen vereint ... Man muß sich einmal vorstellen, daß die Darstellungen, die man in den Höhlen oder noch häufiger auf Felswänden im Freien gefunden hat, die einzigen kulturellen Zeugnisse sind, die sich kontinuierlich durch zig Jahrtausende manifestiert haben, und das auf allen fünf Kontinenten. Man findet solche Bilder und Gravierungen auf Felsen in Skandinavien, in Sibirien, in Afrika ... überall.

– *Es ist aber doch schon ziemlich lange her, daß man sich in die Höhlen zurückgezogen hat, um mit den Geistern zu sprechen, die dort wohnten.*

– Man hat bei den Maya vergleichbare Traditionen entdeckt. Auch sie haben die Felswände tief im Inneren der Höhlen bemalt. In der Dominikanischen Republik fand man dort eine Darstellung von Menschen, die gemeinsam eine halluzinogene Pflanze rauchen ... Abgesehen von einigen Ausnahmen war es in der prähistorischen Zeit üblich, daß man sich zu Initiationsriten in tiefe Höhlen zurückzog. Die meisten Felsmalereien aber findet man im Freien oder in den Eingangsbereichen. Es hat sie überall und zu allen Zeiten gegeben.

– *Zu welchem Zweck?*

– Um die Ursprungsmythen zu überliefern, seinem Glauben Ausdruck zu verleihen oder ganz einfach, um eine Geschichte zu erzählen. In Oregon im Staate Washington haben indianische Felsmaler im achtzehnten Jahrhundert eine Göttin des Todes dargestellt, die sie für die Epidemien verantwortlich machten, die von den Weißen eingeschleppt wurden. Bei den Gravierungen in einem italienischen Tal sind alle Epochen von der Neusteinzeit bis zum Mittelalter vertreten: Krieger mit Schilden, Schwertern, Lanzen, römische Inschriften, mittelalterliche Kirchen mit Kreuzen …

KULTURELLER RASSISMUS

– *Bis zu welcher Zeit haben die Maler auf Felswände gemalt?*

– In Afrika und Amerika bis zum Ende des neunzehnten Jahrhunderts, in Australien noch länger; es mag sogar hier und da Traditionen geben, die auch heute noch existieren. In bestimmten Regionen sind auch andere uralte religiöse Bräuche noch lebendig, weil sich dort die Lebensweise kaum verändert hat. Mit dem Tod des letzten Initiierten eines Stammes stirbt auch diese Kultur, denn sie wird nur durch mündliche Überlieferung weitergegeben. Das ist auch der Grund, warum die Felsmalereien seit einiger Zeit praktisch überall zu einer toten Kunstform geworden sind.

– Diese Kunst ist wie ein großes offenes Buch, dessen Seiten über die ganze Welt verstreut sind und in dem man Fragmente der Geschichte und der Erinnerungen unserer Vorfahren wiederfinden kann …

– Sie ist das größte Museum der Welt, ein Erbe der Menschheit, das einen universellen Wert hat. Tragisch ist jedoch, daß diese Kunstwerke, abgesehen von einigen wenigen Ausnahmen, überhaupt nicht geschützt sind. Die Zerstörung dieser Kunst ist nie schneller fortgeschritten und hat nie ein größeres Ausmaß erreicht als in dem Augenblick, in dem man ihre große Bedeutung erkannt hatte.

– Wodurch sind die Felsmalereien zur Zeit besonders bedroht?

– Es gibt sowohl in den Höhlen als auch im Freien viele natürliche Faktoren, die zerstörerisch wirken, zum Beispiel Sonnenlicht, Frost und Feuchtigkeit. Hinzu kommen die hausgemachten Einflüsse: In Nordeuropa werden die skandinavischen Gravierungen durch den sauren Regen bedroht, den die Industrieabgase verursachen. Außerdem fallen überall auf der Welt zahlreiche Ausgrabungsstätten dem Vandalismus und der Profitgier zum Opfer. In manchen Regionen hat man ganze gravierte Felsblöcke abgeschlagen, um sie zu verkaufen. Darüber hinaus tragen auf allen Kontinenten Verstädterung und Industrialisierung zu ihrer Zerstörung bei.

– Und das, obwohl das Interesse für unsere Ursprünge weltweit zunimmt?

– In den USA hat man kaum etwas unternommen, um die Felsmalereien zu schützen, die dort zu Tausenden vorhanden sind. Dort wurden ganz außergewöhnliche Fresken zerstört, nur um Pferche für das Vieh oder Staudämme zu bauen. Im äußersten Westen sind manche Gravierungen von Kugeln durchsiebt. Tausende von wertvollen Stücken wurden in vielen Ländern beim Bau von Dämmen unter Wasser gesetzt, so zum Beispiel in China, Rußland und Portugal (im Tal des Tejo) ... Wenn wir nicht schnell reagieren, wird der größte Teil unseres gemeinsamen Kulturerbes in weniger als fünfzig Jahren für immer verloren sein.

– *Wie sollen wir denn reagieren?*

– Wir müssen das internationale Gewissen wachrütteln, damit in jedem Land der Welt ein Verzeichnis der Kunstwerke erstellt wird; alle Objekte müssen untersucht und katalogisiert werden ... Man versucht heute alles, um zu verhindern, daß ein van Gogh ins Ausland verkauft wird. Warum gibt man sich bei den Felsmalereien weniger Mühe?

– *Wie erklären Sie sich diese Gleichgültigkeit angesichts der Tatsache, daß man keine Mühe scheut, beispielsweise die ägyptische Kunst zu erhalten?*

– Alles, was keinen direkten Bezug zu unserer eigenen Kultur hat, also die afrikanische oder indische Kunst, interessiert die Menschen der westlichen Welt nicht so sehr. In gewisser Weise offenbart sich damit eine Art kultureller Rassismus.

AUCH DIE HÖHLEN STERBEN

– *Und die berühmten Höhlen, diese Prunkstücke der prähistorischen Kunst, sind auch sie bedroht?*

– Auch Höhlen sind vergänglich, vor allem seit man sie entdeckt hat. Schließlich gilt das auch für unsere gesamte Erde. Wenn man die Höhlen erhalten wollte, müßte man die gesamte Umgebung schützen. So wäre zum Beispiel ein Waldbrand oberhalb der Höhlen von Pech-Merle (im Departement Lot) eine große Katastrophe. Bei starkem Regen könnte dann der Boden das Wasser nicht mehr zurückhalten, und die Höhlen würden überschwemmt. Man muß also nicht nur die Höhlen selbst schützen, sondern auch ihre nähere Umgebung.

– *Über so etwas hat man sich bisher jedenfalls kaum Gedanken gemacht.*

– Das stimmt. Früher kam es nicht selten vor, daß man bei der Entdeckung einer Höhle die dort gefundenen Feuersteine oder Pfeilspitzen als Souvenir mit nach Hause genommen hat ... Um einen neuen unterirdischen Gang der Höhlen von Niaux erforschen zu können, der durch einen See versperrt war, hat Abbé Breuil 1925 einen Boden aus Stalagmiten mit Dynamit sprengen lassen, damit das Wasser abfließen konnte. Dynamit an einem Ort, dessen Bedeutung bereits erkannt worden war! Da die Höhlen 15000 Jahre überlebt hatten, dachte man, sie seien unverwüstlich.

– *In den fünfziger Jahren wären die Höhlen von Lascaux beinahe der Luftveränderung durch die Touristen zum Opfer gefallen ...*

– Eines Tages hat man entdeckt, daß die Wassertropfen auf bestimmten Stalaktiten gefärbt waren: Pigmente hatten sich abgelöst. Der Besucherstrom hatte das unterirdische Klima völlig verändert, die Temperatur war gestiegen, auf den Zeichnungen hatte sich Kondensat niedergeschlagen, und Algen hatten sich darauf angesiedelt ... Man hat dann für die Touristen ein Replikat hergestellt und die eigentliche Höhle für den Publikumsverkehr gesperrt.

– *Heute macht man solche Dummheiten nicht mehr.*

– Jedenfalls in bedeutend geringerem Maße. Heutzutage sind die Höhlenforscher aktiver denn je, aber sie achten vor allem darauf, daß die Ausgrabungsstätten besonders geschützt werden. Man kann heute nicht mehr einfach eine Autobahn bauen oder einen Tunnel ausschachten, ohne vorher eine Probegrabung gemacht zu haben. Man orientiert sich an einem alten Prinzip der Medizin: *primum non nocere* – vor allem nicht schaden. Immer mehr Menschen haben inzwischen begriffen, wie wichtig es ist, daß wir den zukünftigen Generationen unser gemeinsames Erbe erhalten.

– *Sind außer den Felsmalereien noch andere Überlieferungen unserer ersten Vorfahren bis heute erhalten geblieben?*

– Im letzten Jahrhundert gab es noch einige kleine Inseln der alten Kulturen. Zum Beispiel lebten in Neuguinea noch Leute, die zu keiner Zeit Kontakt mit Weißen gehabt hatten. Aber das ist inzwischen vorbei. In unserer Epoche sind die letzten weißen Flecke auf der Landkarte verschwunden. Man findet keine unbekannten Stämme mehr und auch keine Völker, deren Lebensweise sich seit der Vorzeit nicht verändert hat. Die Jungen verlassen den Stamm, um in den großen Städten zu leben. Dort bilden sie leider sehr oft eine Art Subproletariat, in dem Alkohol und andere Drogen eine große Rolle spielen. Und die Traditionen ihrer Väter verschwinden.

DAS ENDE DER LEBENDIGEN KUNST

– *Keine traditionellen Kulturen mehr?*

– Im Kontakt mit der westlichen Welt haben sich die Kulturen rasch weiterentwickelt und gewandelt. In Amerika, Asien, Afrika und Australien gibt es auch heute noch traditionelle Kulturen, die der neuen Zeit Widerstand leisten und ihre alte Lebensweise bewahren wollen. Abgesehen davon versucht man hier und da, alte, untergegangene Traditionen mit Hilfe der Ethnologie und Archäologie wieder aufleben zu lassen. So bemüht sich zum Beispiel die New-Age-Bewegung, alte Kulte wieder zum Leben zu erwecken – aber diese Leute machen auf mich keinen sehr seriösen Eindruck.

– *Soll das heißen, daß Sie dagegen sind?*

– Wenn eine Kultur so lange überdauert hat, ist es verständlich, daß man sie auch weiterhin erhalten möchte. Wenn sie jedoch untergegangen ist, muß man sie dann unbedingt künstlich wiederbeleben? Die Kunst und das Sakrale waren schon immer fest im täglichen Leben verankert. Man kann beides nicht voneinander trennen. In Australien haben einige Leute, die von bestimmten Archäologen dazu ermutigt worden waren, Bilder übermalt, die viele Jahrtausende alt waren – nur um ihre Unabhängigkeit zu beweisen. Was würden wir sagen, wenn die katholische Kirche die Decke der Sixtinischen Kapelle mit neuen Fresken übermalen ließe, um zu beweisen, daß sie Teil einer lebendigen Kultur ist!

WAS WIR VON UNSEREN VORFAHREN LERNEN KÖNNEN

– Sie verbringen einen großen Teil Ihrer Zeit in der Stille der Höhlen und vertiefen sich dort in die Vorstellungswelt unserer Vorfahren. Das regt Sie doch sicher zum Nachdenken an. Beurteilen Sie den Fortschritt der Menschheit genauso ambivalent wie André Langaney?

– Wir hängen schon seit geraumer Zeit dem Fortschrittsglauben an. Das ist ein Erbe der Aufklärung, eine Auffassung, die dringend hinterfragt werden sollte. Es läßt sich nicht von der Hand weisen, daß wir im Hinblick auf die wissenschaftlichen Erkenntnisse große Fortschritte gemacht haben. Bezieht sich diese Entwicklung aber auch auf unsere Werte und unser moralisches Verhalten? Haben wir mehr Respekt vor der Natur?

– Was ist Ihre Meinung?

– In den letzten Jahrzehnten haben wir unseren Planeten übel zugerichtet und dabei etwas ganz Entscheidendes aufs Spiel gesetzt: das Überleben unserer eigenen Art. Wir wollen die Natur beherrschen, aber wir zerstören sie ... Ich bin zu der Überzeugung gelangt, daß die Philosophie der Indianer, der Buschmänner in Südafrika oder der australischen Aborigines in manchen Punkten der unseren überlegen ist ...

– In welchen?

– Als die ersten europäischen Siedler in Australien angekommen waren, haben sie die Aborigines gefragt: »Wem gehört dieses Land?« Aber sie haben darauf keine Antwort bekommen. Den Ureinwohnern war ein solcher Begriff einfach fremd. Für sie hatte das Land keinen Besitzer. In ihrer Kultur waren die Menschen Teil der Erde, genau wie die Tiere oder die Bäume. Nicht mehr und nicht weniger. Das ist ein Konzept von hohem ethischem und ästhetischem Wert. In jedem Fall bedeutend besser als das des individuellen Eigentums, das unser ganzes Verhalten prägt. Meiner Meinung nach könnten wir viel von diesen alten Kulturen lernen, sie sozusagen als Vermächtnis unserer Vorfahren begreifen.

NICHT VORGESCHICHTE, SONDERN GESCHICHTE

– DOMINIQUE SIMONNET: *Die tiefgreifende Veränderung, von der Sie gesprochen haben, hat etwa 10000 Jahre v. Chr. stattgefunden und die Geschichte der Menschheit völlig durcheinandergebracht. Wenn man André Langaney und Jean Clottes zu diesem Thema gehört hat und sich die Welt von heute ansieht, ist man gar nicht so sicher, ob sie schon beendet ist.*

– JEAN GUILAINE: Der Mensch existiert seit drei Millionen Jahren. 2990000 Jahre lang war er Jäger und Sammler. Die Veränderungen, die sich in der Neusteinzeit abgespielt haben, liegen kaum 10000 Jahre zurück, also nur ein paar Promille unserer Geschichte ... Das ist nichts, wenn man es mit der Gesamtzeit vergleicht. Die entscheidende Entwicklung hat sich also erst in jüngster Zeit vollzogen. Sie gehört sozusagen zu unserer Gegenwart. Für mich ist das, was wir in diesem Buch beschrieben haben, nicht Vorgeschichte, sondern Geschichte. Geradezu Zeitgeschichte.

– *Keine Vorgeschichte?*

– Nein. Für die Spezialisten beginnt die Geschichte zwar erst mit der Einführung der Schrift; alles, was davor liegt, ist für sie »prähistorisch«, also Vorgeschichte. Aber diese Unterscheidung erscheint mir heute nicht mehr sinnvoll. Die Schrift kann nur dokumentieren, nur Zeugnis von menschlichen Fähigkeiten ablegen, die schon vorhanden waren. Die einschneidende Veränderung setzte ein, als die Menschen seßhaft wurden, also etwa 10000 v. Chr. Damals hat der Prozeß begonnen, in dessen Verlauf sich unsere komplexe Gesellschaft, die Zivilisation, die Macht und all die Dinge entwickelt haben, die auch heute noch unser Leben bestimmen.

– *Soll das heißen, daß unsere Identität sich in nichts von der unserer Vorfahren unterscheidet?*

– Wir neigen dazu, ihren Einfluß unterzubewerten. Noch vor gar nicht langer Zeit hat man behauptet, die ersten spezialisierten Handwerker seien in der Bronzezeit aufgetaucht. Das ist falsch: Schon bei den Jägern und Sammlern der Altsteinzeit muß es Spezialisten für die Bearbeitung der Feuersteine gegeben haben. Man behauptet außerdem, Tempel seien eine relativ junge Angelegenheit. Auch das ist falsch: Schon in den ersten Dörfern gab es heilige Stätten ... Heute scheint man sich endlich klarzumachen, daß all das, was die Identität eines Menschen ausmacht, schon seit langer Zeit existiert.

SIE, DAS SIND WIR!

– *Kann es sein, daß wir unsere Vorfahren absichtlich unterschätzen, um uns selbst einen höheren Wert beimessen zu können?*

– Vielleicht ... Wenn man sich mit ihrem Leben

beschäftigt, erkennt man, daß sie genauso intelligent und einfallsreich, vielleicht auch genauso zwiespältig waren wie wir. Schon in der Altsteinzeit hatte man eine korrekte Vorstellung vom Ablauf der Jahreszeiten, man orientierte sich an den Mondzyklen. Man wußte genau, wann die Früchte reif waren und wann die Rentiere auf ihrem Zug vorbeikamen ... Man hatte eine klare Vorstellung von den einzelnen Lebenszyklen und von der Zeit. Man sah Dinge voraus und machte sich Gedanken über die Welt ... Und der Geist der ersten Siedler, die aus all dem ihren Nutzen zogen und darüber hinaus viele neue Dinge einführten, unterschied sich kaum von unserem.

– *Man könnte also sagen, daß wir uns immer noch in der Neusteinzeit befinden.*

– Genau. Sie, das sind wir. Unsere Vorfahren haben es so gut gemacht, wie sie konnten, vor allem, wenn man bedenkt, wie begrenzt die technischen Mittel waren, die ihnen zur Verfügung standen. Ihre Selbstwahrnehmung, ihr Umgang miteinander und ihre Beziehung zur Natur ähneln sehr stark unserem eigenen Verhalten. Ich kann da kaum Unterschiede feststellen. Die Überreste, die die Archäologen gefunden haben, beweisen das. Schmuckstücke zeugen von dem Wunsch, attraktiv zu sein und etwas darzustellen, Waffen vom Streben nach Macht ... Nichts hat sich geändert.

– *Trotzdem leben wir heute nicht mehr so wie sie.*

– Bis vor gar nicht so langer Zeit haben wir noch so gelebt. Was unterschied das Leben auf einem großen Bauernhof an der Donau vor 5000 Jahren von dem auf einem französischen Hof zur Zeit des *Ancien régime?* Der Pflug, die Mühlen und ein paar andere Gerätschaften ... Das ist alles. Die entscheidenden Dinge der Neusteinzeit haben bis zum Beginn der industriellen Revolution des neunzehnten Jahrhunderts überdauert. Die Neusteinzeit ist die Quelle unserer Geschichte, damals haben wir begonnen, uns eine künstliche Welt zu schaffen.

SEHNSUCHT NACH DER UNVERFÄLSCHTEN NATUR

– Nach diesem Entwurf ist die Aufgabe erfolgreich abgeschlossen: Der Planet ist vollständig erobert, Wildnis und Natur sind gebändigt ...

– Es gibt keine natürliche Umwelt mehr. Bis auf einige hohe Gipfel ist die gesamte westliche Welt »kultiviert« worden. Der Mensch ist schon überall gewesen. Er hat alles verändert. Schauen Sie sich zum Beispiel einmal einen Wald in Südfrankreich an. Früher wuchs hier nur die Flaumeiche. In der Neusteinzeit hat der Mensch Feuer gelegt, um ein Lager zu roden, dann ist er weitergezogen. Der Wald ist wieder nachgewachsen, aber bei dem Konkurrenzkampf unter den Arten hatten die Steineichen die besseren Karten und haben sich daher weiter ausgedehnt. Dann ist der Mensch zurückgekommen, hat das Land aufs neue verändert und dadurch einen Sozialisationsprozeß ausgelöst, der sich immer mehr beschleunigt hat. Was wir heute sehen, hat nichts mehr mit unverfälschter Natur zu tun. Auch wenn man sich dessen nicht immer bewußt ist, leben wir heute in einer völlig künstlichen Welt. Überall verdrängt die Kultur die Natur.

– Trotzdem geht man immer noch auf die Jagd und sehnt sich nach der unverfälschten Natur … Werden wir auch in Zukunft nicht ohne sie auskommen?

– In einem entlegenen Winkel unseres Gehirns lebt immer noch die Sehnsucht nach dem verlorenen Paradies, nach Mutter Natur. Auch wenn wir weitgehend domestiziert sind und in einer künstlichen Welt leben, bewahren wir in unserem Herzen immer noch die Liebe zum Ursprünglichen. Obwohl schon die ersten Bauern die Vorteile der Viehzucht entdeckt hatten, importierten sie eigens wilde Tierarten, um sie bejagen zu können. Nur so konnten sie diesen uralten Mythos am Leben erhalten.

– Die Jäger von heute züchten Wildschweine und Fasane und lassen sie dann wieder frei, um sie zu jagen. Das ist doch auch nichts anderes.

– Auch heute noch ist unsere Kultur von den Mythen des Waldes und von unserem Wunsch nach Überlegenheit geprägt. Und deshalb schaffen wir uns von Zeit zu Zeit ein bißchen Wildnis, um zu zeigen, daß wir jederzeit in der Lage sind, sie zu beherrschen. Wenn man ein fliehendes wildes Tier tötet, demonstriert man auf dramatische Weise den Sieg des Menschen über die Natur. Seit 10000 Jahren bestätigen wir uns immer wieder, daß wir die Natur erobert haben, und wiederholen damit in symbolischer Weise die Revolution der Neusteinzeit. Der Mensch muß sich immer wieder beweisen, daß er der alleinige Herr und Meister ist.

DIE *MENTALITÄT* DER NEUSTEINZEIT

– Nicht der Mensch, sondern der Mann. Es ist nicht sicher, ob das alles für die Frau genauso wichtig war. Diese Spaltung reicht also offenbar bis an den Anfang der Zeit zurück. Das männliche Geschlecht hat sich demnach immer noch nicht von der Mentalität der Neusteinzeit trennen können, nicht wahr?

– Ja, von der des Siegers, des Eroberers. Wir haben uns die Natur untertan gemacht, die Materie besiegt … Wir glauben immer noch, daß nichts uns widerstehen kann. Und dieses Machtgefühl stellen wir auch unserer eigenen Art gegenüber zur Schau. Macht über die Natur, Macht über Dinge, Macht über andere Menschen.

– Sie kennen diese Geschichte wahrscheinlich: Der Skorpion will einen Fluß überqueren und bittet den Fuchs um Hilfe. Er fragt ihn, ob er ihn nicht auf seinem Rücken übersetzen könne. »Ich werde dich nicht stechen«, verspricht er, »denn wenn du stirbst, wird es auch mein Tod sein.« Der Fuchs sieht das ein und ist bereit, ihn mitzunehmen. Als sie in der Mitte des Flusses angekommen sind, versetzt der Skorpion dem Fuchs einen tödlichen Stich. »Warum hast du das getan?« fragt der Fuchs in Todesqualen. »Tut mir leid«, antwortet der Skorpion, »aber das ist nun einmal meine Natur …« Das Machtstreben, der Wettbewerb liegt uns Menschen im Blut, nicht wahr?

– Es sieht so aus. Konkurrenzkampf und der Wille, die Überlegenheit unter Beweis zu stellen, sind offensichtlich tief in der menschlichen Natur verwurzelt.

– Wenn man aus dieser Geschichte eine Lehre ziehen will, kommt man nicht umhin zu sagen, daß der Mensch sich mit dem ersten Korn, das er ausgesät hat, keinen großen Gefallen getan hat.

– Indem er die erste Weizenähre geerntet hat,

statt drei Eicheln und zwei Pflaumen zu pflücken, hat er die Möglichkeit geschaffen, Vorräte anzulegen, mehr Mäuler zu stopfen, eine Familie zu gründen ... Aber er hat sich selbst eine Falle gestellt. Denn von jetzt an muß er sich um seine Felder und sein Vieh kümmern, Bäume fällen, Baumstümpfe ausreißen, hacken, pflanzen, ernten ...

– *Kurz gesagt, arbeiten.*

– Ja, der Mensch hat die Arbeit eingeführt, er hat Eigentum geschaffen, Überschüsse erwirtschaftet und es schließlich zu einem gewissen Wohlstand gebracht. Gleichzeitig hat er jedoch auch eine hierarchische Gesellschaftsform entwickelt und sich bestimmten Zwängen unterworfen. Die Hoffnungen, die er mit der landwirtschaftlichen und urbanen Revolution der Neusteinzeit verbunden hat, haben sich nicht erfüllt, die Entwicklung hat sich gegen ihn gewendet. Der Mensch ist Sklave dessen geworden, was er sich geschaffen hat. Er ist gleichzeitig Sieger und Besiegter.

FORTSCHRITT ODER NIEDERGANG

– *Die große Revolution, das neue Zeitalter, von dem Sie sprechen, markiert also in Wirklichkeit den Beginn einer Gesellschaft der Zwänge, den Anfang unseres Unglücks ...*

– Das hängt davon ab, welche Vorstellung wir von der Evolution des Menschen haben. Für den Ethnologen Marshall Sahlins war die Altsteinzeit das Zeitalter des Überflusses. Unsere Vorfahren, die Jäger, brauchten nur wenige Stunden am Tag zu jagen. Da sie sich die Beute nur mit wenigen teilen mußten, hatten sie meist genug zu essen. Das entspricht in etwa dem irdischen Paradies, wie es in allen Religionen immer wieder beschrieben wird. Und dann kam die Neusteinzeit und mit ihr der Beginn eines langen Niedergangs. Diese Periode ist der Sündenfall, die Vertreibung aus dem Garten Eden: »Im Schweiße deines Angesichts sollst du dein Brot essen« ... und man wartet auf einen Heiland, von dem man hofft, daß er das ursprüngliche Glück wiederherstellen wird.

– *Andere betrachten die menschliche Geschichte eher als eine ständige Aufwärtsentwicklung, eine fortschreitende Befreiung des Menschen.*

– Das sind die Fortschrittstheorien der Aufklärung. Der Mensch befreit sich von den Zwängen der Natur und folgt dem Pfad der Erleuchtung, der ihn zu immer größerer Zufriedenheit und Glück führt ... Die beiden gegensätzlichen Auffassungen, sowohl die vom Fortschritt als auch die vom Niedergang, hängen in hohem Maße von den religiösen und philosophischen Ideen ab, die ihnen zugrunde liegen.

– *Und wahrscheinlich von den wirtschaftlichen Verhältnissen, in denen man lebt.*

– Ja. Derjenige, der heute in den Genuß der Vorteile der modernen Welt kommt und in einer komfortablen Umgebung lebt, denkt natürlich, daß sich seine Lebensbedingungen im Vergleich zu denen seiner Großeltern erheblich verbessert haben. Aber wie sieht das bei einem Arbeitslosen aus, der nichts anderes kennt als Unsicherheit und Sorgen? Wenn so jemand bedauert, daß die Zeiten seiner Großeltern vorbei sind, hat er recht. Die menschliche Entwicklung wird subjektiv verschieden gesehen, man kann sie nicht allgemeinverbindlich bewerten. Der

Blick auf die Geschichte ist abhängig davon, ob man als wohlhabender Mensch in der westlichen Welt lebt oder als armer Teufel in Afrika oder Asien.

FREUD UND LEID

– *Sie kennen sowohl den modernen Westen als auch das bescheidene Universum unserer Vorfahren. Was sagen Sie zu dieser »schönsten Geschichte der Menschheit«?*

– Der Mensch hat sicher seit damals im Hinblick auf die technische Entwicklung und seinen Erkenntnisstand große Fortschritte gemacht. Die Ideen, die sich zu Beginn der Neusteinzeit angekündigt hatten, der Traum von mehr Menschlichkeit und von der Befreiung des Menschen, sind leider nicht verwirklicht worden. Ein großer Teil der Erdbevölkerung hat nicht einmal genug zu essen, um satt zu werden ... Ich glaube, wir befinden uns in einer hoffnungslos paradoxen Situation. Die Neusteinzeit markiert den Beginn eines Prozesses, dessen Geschwindigkeit bis zum heutigen Tag ständig zunimmt. Für jedes Problem, das der Mensch löst, muß er einen hohen Preis zahlen. Jeder Fortschritt hat seine Kehrseite. Jeder Sieg über die Natur führt zu einer neuen Belastung unserer Umwelt. Jeder Schritt in Richtung auf das Gute ist von neuem Leid begleitet. Jede Freiheit muß mit einem neuen Zwang bezahlt werden. Sollten wir resignieren und uns damit abfinden, daß der Mensch nie wirklich frei sein wird? Dieser Kampf wird nie enden. In der abenteuerlichen Geschichte der Menschen wird es immer Glück und Unglück, Gut und Böse, Weisheit und Dummheit geben. So ist unsere Spezies nun mal.

»Das Ergebnis ist ein gleichermaßen amüsantes wie fesselndes Buch.«
DIE ZEIT

Vom kosmischen Lichtblitz des Urknalls bis zum Homo sapiens des Computer-Zeitalters herrscht ein durchgehendes Gesetz, das der Evolution: Wir sind aus Sternenstaub gemacht, stammen von Galaxien, Bakterien und Affen ab, und jeder von uns trägt ein Stück Ur-Ozean in sich. Ein bewohnter Planet am Rande einer unscheinbaren Galaxie: Es war von Anfang an möglich ... *Die schönste Geschichte der Welt*, die auch die *aufregendste* heißen könnte, denn es ist unsere Geschichte, erzählen uns drei weltberühmte Wissenschaftler: Von der Frühgeschichte des Kosmos berichtet der Astrophysiker Hubert Reeves, Kultautor und Professor in Montreal und Paris; von der Entstehung des Lebens aus der unbelebten Materie bis hin zu den Sauriern erzählt der Biologe Joël de Rosnay, Direktor der Cité des Sciences in Paris; und die Entwicklung des Menschen in den Schluchten Afrikas schildert der Paläontologe Yves Coppens, Mitentdecker von »Lucy«. Mit ihnen unterhält sich Dominique Simonnet, Chefredakteur von *L'Express*.

ISBN 3-404-60475-X

BASTEI LÜBBE